金融機関が行う

事業継続力強化支援マニュアル

日本政策金融公庫
中小企業事業本部企業支援部 [著]

一般社団法人 **金融財政事情研究会**

はじめに

「のど元過ぎれば熱さを忘れる」ということわざがあります。

　わが国では、過去、地震・気象災害や感染症など甚大な損害をもたらす危機を何度も経験してきました。

　一部には、「あつものに懲りてなますを吹く」ような過剰反応があったかもしれませんが、「危機が過ぎ去ってしまうと、何事もなかったように『これまでの日常』に戻ってしまう」というパターンが繰り返されてきたように感じます。

　しかし、感染症に限らず、大規模な地震・気象災害、紛争・テロ・サイバー攻撃、経済危機といった事態は、今後、入れ替わり立ち替わり発生すると予想されます。また、経済のグローバル化が進展していることを考えると、世界各地で発生した危機が、世界全体に甚大な被害をもたらし続けるのではないかと憂慮されます。

　それゆえ、「いかなる環境下にあっても事業を維持・発展させる」ためには、「危機は必ず発生する」という前提のもと、外部環境・内部環境の変化や事業上のリスク、今後の見通しを正確に見極め、事業態勢を整備・強化して的確に対応していくことが必要であると考えます。

　昨今、新型コロナウイルス感染症の世界的流行を受けて、「新常態（ニューノーマル）」へのパラダイムシフト（革命的変化）の必要性が唱えられています。

　これは、「従前の働き方や生活様式、事業運営のあり方を改め、感染症の蔓延など危機が発生しても円滑に事業や生活を継続できるようにしよう」というようなことですが、これまで続けてきた働き方や事業運営方法などを見直すことは容易ではありません。

　例えば、働き方や事業運営に関して「３密」（密閉・密集・密接）を避けようとすると、「一堂に会して業務を集中的に遂行する」というスタイルから、「時間と場所を有効に活用し、業務を分散して遂行する」というスタイルへ変革する必要があります。

　しかし、生産／販売・サービス提供を行う現場は３密を前提とした態勢のところが多く、現状のままでは効率性を維持することは困難です。

また、テレワーク・リモートワークを実施しても、コミュニケーションに制約があり、Face to Faceに比べて効率的・効果的な意思疎通ができないといった意見も聞かれます。

　業務の分散遂行を効率的・効果的に実施するためには、「業務や事業態勢の再構築」「テレワーク・リモートワーク環境の整備・拡充」とあわせて、「社員や取引先などステークホルダーとの『意思疎通のあり方』を再構築すること」が非常に重要であると考えます。

　すなわち、「Face to Faceの濃密な意思疎通によって引き続き信頼関係の構築・維持を図るとともに、ICTを活用した日常的な情報交換を強化する」というように「コミュニケーション方法の使い分け」を行い、効率的・効果的に意思疎通を図っていくことが有効であると思います。

　しかしながら、こうした改革を行うためには、まず、われわれのDNAに染みついた習慣や心の拠り所を、部分的にせよ否定しなければならず、成功体験を重ねてきた方々にとっては、並大抵のことではありません。

　いずれにしても、新常態へのパラダイムシフトを進めていくためには、企業経営者自らが「過去の成功体験や前例にとらわれず、想像力を働かせて新たな事業態勢を築いていこう」と意識を変革し、様々な障害・抵抗がある中で、こうした取組みをリードしていくことが不可欠であると考えます。

　高リスク社会において事業を継続していくためには、「危機の発生は所与のことである」と捉え、リスク管理・危機対応態勢を強化することが必要です。そして、「危機の発生はチャンスでもある」と捉え、「新たな事業展開」や「事業態勢の改革」を推進し、事業の持続性・付加価値生産性を向上させて、「事業継続力」を高めていくことが肝要です。

　われわれ企業は、事業継続により「雇用の確保」や「地域経済の振興・発展」に貢献する責務があります。社員やその家族の生活、取引先や協力会社の経営は、企業経営者の双肩にかかっています。企業経営者は、他に依存せず、自律的に事業継続力強化を進めていかなければなりません。「人事を尽くさず、天命に頼る」わけにはいきません。

本著は、昨今の状況を踏まえ、「各企業が、これまで以上に事業継続力を強化していかなければならない」という強い思いに駆られて、執筆しました。

　既刊「金融機関が行う経営改善支援マニュアル（第3版）」の「追録」として記載しましたので、特に、経営改革・改善に取り組む企業経営者の方々や、こうした取組みをサポートする金融機関の方々には、既刊とあわせてご購読いただき、事業継続力強化の参考にしていただけると幸甚です。

　2021年1月

日本政策金融公庫　中小企業事業本部

企業支援部長　**鋸屋　弘**

株式会社日本政策金融公庫

国民生活金融公庫、農林漁業金融公庫、中小企業金融公庫が統合し、2008年10月に発足した政策金融機関。国の政策のもと、民間金融機関の補完を旨としつつ、社会のニーズに対応して、種々の手法により、政策金融を機動的に実施しています。

【執筆者紹介】

鋸屋　弘（第Ⅰ章～第Ⅶ章）

1988年中小企業金融公庫入庫。本店営業第二部（融資・審査）、総務部（企画）、旧通商産業省出向（立地）、千住支店・下関支店（融資）、総合研究所（産業・地域調査）、統合準備室、企画部システム企画課長、東京支店中小企業営一事業副事業統轄、浜松支店長、ITプランニングオフィスマネージャーを経て、現在、企業支援部長。著書「金融機関が行う経営改善支援マニュアル（第3版）」。

目　次

第Ⅰ章　事業継続力強化の必要性

第Ⅱ章　事業継続力を高めるためには

第Ⅲ章　事業継続に必要な検討・実施事項

第Ⅳ章　いかなる環境下でも、生き残るために

第 Ⅰ 章

事業継続力強化の必要性

1 多様な危機の顕在化・深刻化

（1） 自然災害の増加・深刻化

・近年、地球温暖化が急速に進行しており、わが国では100年間で1.24℃気温が上昇している。こうしたことが影響して、台風など気象災害が増加・広域化・深刻化している。

・大規模な地震についても、1990年以降数多く発生し、甚大な被害が広域的に発生している。今後も、南海トラフを震源とする巨大地震などの発生が強く懸念される。

① 気象災害

わが国において最も体感できる自然環境の変化は、「地球温暖化」ではないでしょうか。

40.8℃という1933年に山形市で記録したわが国の最高気温は、長らく不動の地位を誇ってきましたが、2007年に多治見市で40.9℃を記録して以降、各地で40℃越えが相次ぎ、2018年に熊谷市、2020年に浜松市でそれぞれ41.1℃という最高気温を記録しました（本著出版時点）。

国連環境計画などで「温室効果ガスの排出増加による地球温暖化の進行」が指摘されていますが、世界の平均気温は上昇傾向にあり、特に1990年代半ば以降、上昇幅が拡大しています。

図表１－１をみると、世界全体では100年当たり0.74℃の割合で気温が上昇しており、2019年の平均気温は、基準値（1981～2010年の平均値）からの偏差が「＋0.43℃」となっています（1891年の統計開始以降、２番目に高い値）。この傾向は、わが国で一層顕著に現れています。具体的には、100年当たり1.24℃の割合で気温が上昇し、2019年の平均気温は、基準値からの偏差が「＋0.92℃」（1898年の統計開始以降、最高値）となっており、世界全体に比べて「温暖化」がさらに進行しているといえます。

図表 1 － 1　世界／日本の年平均気温偏差（ 5 年移動平均）

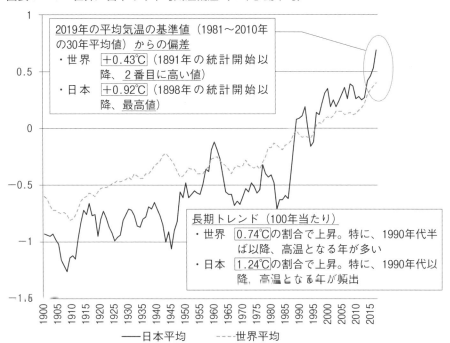

2019年の平均気温の基準値（1981～2010年
の30年平均値）からの偏差
・世界　+0.43℃（1891年の統計開始以
　　　　降、2番目に高い値）
・日本　+0.92℃（1898年の統計開始以
　　　　降、最高値）

長期トレンド（100年当たり）
・世界　0.74℃の割合で上昇。特に、1990年代半
　　　　ば以降、高温となる年が多い
・日本　1.24℃の割合で上昇。特に、1990年代以
　　　　降、高温となる年が頻出

——日本平均　　----世界平均

（出典）　気象庁「日本の年平均気温」（https://www.data.jma.go.jp/cpdinfo/temp/an_jpn.html）、
　　　　「世界の年平均気温」（https://www.data.jma.go.jp/cpdinfo/temp/an_wld.html）に基づき
　　　　筆者が作成

専門外なので地球温暖化との因果関係について説明できませんが、図表１－２をみると、台風・洪水といった気象災害による被害が、1980年以降、増加傾向にあることが窺われます。

　気象庁などのデータに基づき2015年以降に発生した「人的被害100人以上又は住家被害１万棟以上」の気象災害をまとめると、図表１－３のとおり整理され、甚大な被害が広域で生じていることがわかります。

　2018年の台風21号や令和元年東日本台風による被災は記憶に新しいところですが、「最近、台風の被害が甚大化しているな」と感じるとともに、「台風は、沖縄や九州の災害」という昔のイメージが随分薄れてきているのを感じます。

　気象庁のデータをみると、その感覚が正しいことがわかります。

　図表１－４は、1970年以降、わが国に接近した台風の数の推移を示していますが、1970～1979年にわが国に接近した台風が96であったのに対し、2010～2019年には123となり、この40～50年の間に30％近く増加しています。

　また、「沖縄・奄美」と「沖縄・奄美を除く本土」に分けて台風の接近確率を比較すると、沖縄・奄美が1970～1979年：70％→2010～2019年：68％と２ポイント下がっているのに対し、本土は1970～1979年：48％→2010～2019年：51％と３ポイント上昇しています。

　さらに、「本土に接近した台風が、どの地域に接近しているのか」をみると、九州南部に接近する割合が20ポイント近く減少する一方、北陸・関東甲信・東北に接近する割合が10ポイント前後増加しています（図表１－５）。

　以上の過去データから素人なりに考察すると、海水温の上昇などに伴って台風の発生数が増加し、発生場所が変化するとともに、偏西風や気圧配置の変化に伴って台風の経路が変わり、「巨大な勢力を維持しつつ、西日本・東日本・北日本に接近・上陸する」というケースが増えてきたと想像されます。

　この想像が、大雑把にみて正しいとすると、「台風の増加／被害の甚大化」は地球温暖化と無関係ではなく、地球温暖化が解消されるまで継続する「構造的な問題」として捉えなければならないということになります。

　気象災害の増加に対し、社会インフラの整備・強化を進めていくことが重要と考えますが、各企業においても、従来の想定を見直し、リスク管理／危機対応態勢を強化することが肝要であるといえるでしょう。

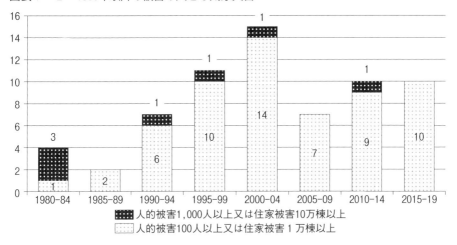

図表1－2　1980年以降の被害の大きな気象災害

凡例：
- ■ 人的被害1,000人以上又は住家被害10万棟以上
- ▦ 人的被害100人以上又は住家被害1万棟以上

図表1－3　2016年以降に発生した主な気象災害

災害名	時期	概要／被害
平成27年9月関東・東北豪雨	2015.9.7～9.11	台風18号等により、関東・東北で記録的な大雨 死傷者88名、住家全壊等19,723棟
台風7・11・9・10号等による大雨・暴風	2016.8.16～8.30	東日本から北日本を中心に大雨・暴風。特に北海道・岩手県で記録的な大雨 死傷・行方不明者131名、住家全壊等9,313棟
台風21号による大雨・暴風等	2017.10.21～10.23	西日本から東北地方の広範囲で大雨。全国で暴風 死傷者223名、住家全壊等6,532棟
南岸低気圧による大雪等	2018.1.22～1.27	関東甲信・東北太平洋側で大雪。日本海側で暴風雪 死傷者981名、住家一部損壊4棟
強い冬型気圧配置による大雪	2018.2.3～2.8	北陸地方を中心に日本海側で大雪 死傷者333名、住家全壊等45棟
平成30年7月豪雨	2018.6.28～7.8	西日本を中心に全国的に記録的な大雨 死傷・行方不明者678名、住家全壊等50,470棟
台風21号による暴風・高潮等	2018.9.3～9.5	西日本から北日本にかけて暴風。四国・近畿で高潮 死傷者968名、住家全壊等50,869棟
台風24号による暴風・高潮等	2018.9.28～10.1	南西諸島／西日本・東日本太平洋側を中心に暴風 死傷・行方不明者177名、住家全壊等1,994棟
令和元年東日本台風	2019.10.10～10.13	記録的な大雨・暴風・高波・高潮 死傷・行方不明者483名、住家全壊等98,914棟
低気圧等による大雨	2019.10.24～10.26	

（図表1－2、1－3の出典）
　気象庁「災害をもたらした気象事例」（https://www.data.jma.go.jp/obd/stats/data/bosai/report/index.html）、「消防白書」（https://www.fdma.go.jp/publication/#whitepaper）に基づき筆者が作成

【追記】

　本稿の校正中に「令和2年7月豪雨」が発生しました。被災地域は九州・中国地方や岐阜・長野・山形県などを中心に全国に及び、死傷・行方不明者115名、住家全壊など18,492棟（内閣府「令和2年7月豪雨による被害状況について」（令和2年8月24日15時現在））という甚大な被害が生じており、あらためて気象災害の恐ろしさを痛感させられました。

　また、今般の気象災害は、新型コロナウイルス禍が収束する前のものであり、避難所や病院などにおける感染症対策や、ボランティアの受入れを含めた復旧・復興対応の難しさが浮き彫りになりました。

　このように、複数の災害・危機が多重的に発生することも想定しなければならず、われわれは「リスク管理や危機対応を、多面的・複合的に行わなければならない」という重い課題を背負わされたような感じがします。

②　地震・火山噴火

　次に、地震や火山の噴火について考えたいと思います。

　図表1－6は、1980年以降の甚大な地震の発生数の推移と、その概要を示しています。もともとわが国は地震が頻発する国ですが、特に1990年以降、海溝型／活断層型を問わず、大規模な地震が数多く発生し、甚大な被害が広域的に生じていることが、この図表から見て取ることができます。

　地殻変動のメカニズムに関する知見が全くないので、今後どうなるのかは無責任に「神のみぞ知る」としかいいようがないのですが、巨大地震が発生した場合、場所によっては以下のような危機が発生するのではないかと大いに危惧しています。

1）　大規模発電所・送電網の損壊・稼働停止／広域的な送電の停止

　わが国の電力供給は、低コストで効率的に行うことを目的に、大規模発電所で発電し、送電網を通じて広域的に送電するというモデルになっています。

　しかしながら、大規模発電所や送電網・変電所が被災し、施設の損壊・稼働停止を余儀なくされた場合、広域的に大規模停電が長期間発生することが憂慮されます。

図表1－4　1970年以降のわが国に接近した台風の推移（1970-79年＝100）

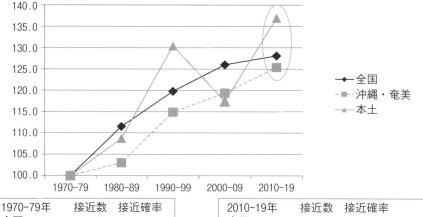

1970-79年	接近数	接近確率
全国	96	
沖縄・奄美	67	69.8%
本土	46	47.9%

2010-19年	接近数	接近確率
全国	123	
沖縄・奄美	84	68.3%（▲1.5）
本土	63	51.2%（＋3.3）

図表1－5　本土に接近した台風に占める地域別割合

（単位：％）

	1970-79 A	1980-89	1990-99	2000-09	2010-19 B	B－A
九州南部	89.1	56.0	70.0	57.4	69.8	▲19.3
九州北部・山口県	73.9	48.0	68.3	57.4	68.3	▲5.6
四国	65.2	56.0	60.0	51.9	63.5	▲1.7
中国（山口県除く）	58.7	42.0	55.0	44.4	60.3	＋1.6
近畿	56.5	54.0	58.3	61.1	60.3	＋3.8
東海	58.7	52.0	61.7	63.0	58.7	±0
北陸	43.5	36.0	48.3	48.1	57.1	＋13.6
関東甲信	47.8	54.0	53.3	63.0	57.1	＋9.3
東北	34.8	38.0	48.3	53.7	44.4	＋9.6
北海道	28.3	22.0	36.7	35.2	28.6	＋0.3

（図表1－4、1－5の出典）
　気象庁「過去の台風資料」（https://www.data.jma.go.jp/fcd/yoho/typhoon/index.html）に
　基づき筆者が作成

2) ICTインフラの損壊・稼働停止／情報通信の遮断

ICT（情報通信技術）化・デジタライゼーションが急速に進展し、世界レベルでの高度な情報通信が可能になり、事業運営や生活に不可欠なものとなっています。

しかしながら、データセンターやネットワーク回線網、基地局・中継局が被災した場合、広域的かつ高度な情報通信が遮断され、国レベル・世界レベルで企業活動や日常生活に甚大な支障が長期間生じる懸念があります。

3) 交通インフラの損壊・稼働停止／移動・物流の遮断

道路・橋梁・鉄道・港湾・空港といった交通インフラは、他のインフラと同様、企業活動や日常生活にとって不可欠なものですが、被災し損壊・稼働停止を余儀なくされた場合、人の移動や物流が遮断され、甚大な影響が発生すると危惧されます。

建築基準法に基づく耐震基準は、1978年の宮城県沖地震を契機に、1981年に導入され、1995年の阪神・淡路大震災を受けて、同年に耐震改修促進法の制定、2000年に建築基準法の改正が行われました。また、2011年の東日本大震災により、耐震・免震性や津波対策の強化、広域的なバックアップ態勢の構築が促進されました。

このように、巨大地震の発生の都度、建築物や社会インフラの整備・強化が進められてきましたが、気象災害と異なり、正確な予報・予知が困難なことから、常に不測の事態を余儀なくされます。事実、阪神・淡路大震災や東日本大震災において、「想定外の事態」が発生し、対応が後手後手になったことが否めません。

図表1－7は活断層型地震の長期評価を示していますが、糸魚川・静岡構造線の断層帯をはじめ各地の活断層帯において、マグニチュード7〜8程度の巨大地震が30年以内に10％程度以上の確率で発生すると分析されています。

また、海溝型地震については、千島海溝沿い・日本海溝沿い・相模トラフなどにおいて、マグニチュード7〜9程度の巨大地震が10年以内に30〜70％程度の確率（30年以内では、70〜90％程度以上の確率）で発生すると予想されています（図表1－8）。

特に「南海トラフの地震」については深刻で、マグニチュード8〜9クラスの

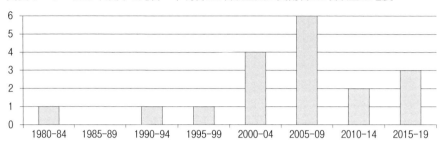

図表1-6 1980年以降の死者・不明者100名以上又は負傷者200名以上の地震

発生年月	地震名	M	最大震度	被害
1983.5	日本海中部地震	7.7	5	死者104名、負傷者163名、住家全半壊・流出等3,106棟
1993.7	北海道南西沖地震	7.8	5	死者・不明者230名、負傷者323名、住家全半壊1,009棟
1995.1	兵庫県南部地震（阪神・淡路大震災）	7.3	7	死者・不明者6,437名、負傷者43,792名、住家全半壊等256,312棟
2001.1	平成13年芸予地震	6.7	6弱	死者2名、負傷者388名、住家全半壊844棟
2003.7	宮城県北部地震	6.4	6強	負傷者677名、住家全半壊5,085棟
2003.9	平成15年十勝沖地震	8.0	6弱	死者・不明者2名、負傷者849名、住家全半壊484棟
2004.10	平成16年新潟県中越地震	6.8	7	死者68名、負傷者4,805名、住家全半壊16,985棟
2005.3	福岡県西方沖地震	7.0	6弱	死者1名、負傷者1,204名、住家全半壊497棟
2007.3	平成19年能登半島地震	6.9	6強	死者1名、負傷者356名、住家全半壊2,426棟
2007.7	平成19年新潟県中越沖地震	6.8	6強	死者15名、負傷者2,346名、住家全半壊7,041棟
2008.6	平成20年岩手・宮城内陸地震	7.2	6強	死者・不明者23名、負傷者426名、住家全半壊176棟
2008.7	岩手県沿岸北部地震	6.8	6弱	死者1名、負傷者211名
2009.8	駿河湾地震	6.5	6弱	死者1名、負傷者319名
2011.3	平成23年東北地方太平洋沖地震（東日本大震災）	9.0	7	死者・不明者22,252名、負傷者2,563名、住家全半壊404,934棟
2011.4	宮城県沖地震	7.2	6強	死者4名、負傷者296名
2016.4	平成28年熊本地震	7.3	7	死者273名、負傷者2,809名、住家全半壊43,386棟
2018.6	大阪府北部地震	6.1	6弱	死者6名、負傷者462名、住家全半壊504棟
2018.9	平成30年北海道胆振東部地震	6.7	7	死者43名、負傷者782名、住家全半壊2,129棟

（出典）気象庁「過去の被害地震」（https://www.data.jma.go.jp/svd/eqev/data/higai/index.html)、「消防白書」（https://www.fdma.go.jp/publication/#whitepaper）に基づき筆者が作成

巨大地震が10年以内に30％程度、30年以内に70〜80％程度の確率で発生すると評価されています。仮に南海トラフを震源とする巨大地震が発生した場合、関東から九州に至る広域圏において、激震や津波などによる甚大な人的被害、建築物・社会インフラの壊滅的な損壊・稼働停止が推察されます。

　次に、火山の噴火について考えてみましょう。

　わが国には、近畿・中国・四国地方を除く全国各地に100を超える活火山が存在します（図表1−9）。

　そのうちの多くは、現状、「活火山であることに留意」というレベルの注意喚起にとどまり、火口周辺警報・噴火警報が出ている活火山は10カ所程度です。

　また、1990年以降の主な噴火災害をみると、気象災害・地震に比べて人的・物的被害はそれ程大きくないといえます（図表1−10）。

　確かに、活火山の監視が強化され、警報・避難指示の発令や入山・火口周辺規制が的確に行われるようになり、以前に比べて人的被害は少なくなっているとみられます。

　しかし、2014年に噴火した御嶽山のように、過去噴火した記録がない活火山が突然噴火し、甚大な人的被害・物的被害が発生することもあります。

　例えば、富士山は1707年の宝永噴火以降、みるべき噴火はありませんが、箱根山など周辺の活火山の動静を考慮すると噴火リスクがないとはいいきれません。

　富士山ハザードマップ検討委員会の報告書（平成16年6月）では、以下のような被害想定が出されています（報告書135頁「7.3　被害想定の結果と特徴」に基づき筆者が抜粋）。

・最大で約2兆5千億円にものぼる甚大な被害が想定される。
・近傍における被害は、粒径の大きな降下物が厚く積もることから、建物被害、道路・鉄道などの交通施設の埋没、農地の埋没が想定され、降下物の除去も困難となる。また、噴石により人的被害も想定されるほか、避難途中の車両の損壊なども想定される。
・降灰の除去が困難な農林業被害は降雨状況に関係なく大きい。
・観光業については、降灰を除去することにより観光客数がすぐ回復するとは想定されず、観光地の回復が農林業以外の他産業に比べて長期間を要すると想定されるため、比較的大きな被害となる。

図表1-7　主要活断層帯の長期評価（30年以内の地震発生確率が10%以上のもの）

断層帯名 （起震断層／活動区間）	予想 地震規模	地震発生確率		
		30年以内	50年以内	100年以内
糸魚川・静岡構造線断層帯 （中北部区間）	M7.6 程度	14～30%	20～50%	40～70%
糸魚川・静岡構造線断層帯 （北部区間）	M7.7 程度	0.01～16%	0.02～20%	0.06～40%
日奈久断層帯 （八代海区間）	M7.3 程度	0～16%	0～30%	0～50%
境峠・神谷断層帯 （主部）	M7.6 程度	0.02～13%	0.04～20%	0.09～40%
中央構造線断層帯 （石鎚山脈北縁西部区間）	M7.5 程度	0～12%	0～20%	0～40%
阿寺断層帯 （主部／北部）	M6.9 程度	6～11%	10～20%	20～30%
三浦半島断層群 （主部／武山断層帯）	M6.6 程度	6～11%	10～20%	20～30%
安芸灘断層帯	M7.2 程度	0.1～10%	0.2～20%	0.4～30%

図表1-8　主な海溝型地震の長期評価（10年以内の地震発生確率が30%以上のもの）

領域又は地震名		予想 地震規模	地震発生確率		
			10年以内	30年以内	50年以内
千島海溝沿い	ひとまわり小さいプレート間地震（十勝沖・根室沖）	M7.0～ 7.5程度	40%程度	80%程度	90%程度
	ひとまわり小さいプレート間地震（色丹島沖・択捉島沖）	M7.5 程度	50%程度	90%程度	90%程度 以上
日本海溝沿い	ひとまわり小さいプレート間地震（青森県東方沖及び岩手県沖北部）	M7.0～ 7.5程度	70%程度	90%程度 以上	90%程度 以上
	ひとまわり小さいプレート間地震（宮城県沖）	M7.0～ 7.5程度	50%程度	90%程度	90%程度 以上
	ひとまわり小さいプレート間地震（茨城県沖）	M7.0～ 7.5程度	40%程度	80%程度	90%程度
	沈み込んだプレート内の地震	M7.0～ 7.5程度	30～40%	60～70%	80～90%
相模トラフ沿いのプレートの沈み込みによるM7程度の地震		M6.7～ 7.3程度	30%程度	70%程度	80%程度
南海トラフの地震		M8～9 クラス	30%程度	70～80%	90%程度 以上
日向灘のひとまわり小さいプレート間地震		M7.1前後	30～40%	70～80%	80～90%

（図表1-7、1-8の出典）
　地震調査研究推進本部地震調査委員会「今までに公表した活断層及び海溝型地震の長期評価結果一覧（平成31年2月26日現在）」（https://www.jishin.go.jp/main/choukihyoka/ichiran_past/ichiran20190226.pdf）に基づき筆者が作成

・道路、鉄道、電力等のインフラや建物の被害については、降雨がある場合と、そうでない場合で被害状況が大きく異なる。交通と電力は、直接的な被害だけでなく、多くの産業への流通障害や製造ラインの停止などの波及的な被害を及ぼす。

　以上、地震・火山の噴火についてみてきましたが、いずれも災害の発生時期・場所や被害の範囲・規模が容易に想定できず、リスク管理・危機対応態勢を的確に整備することは非常に困難です。

　しかしながら、リスクの分析・評価を行うとともに、地震・噴火が発生した場合の危機対応態勢をできる限り整え、防災・減災に向けた対応を行うことが肝要と考えます。

図表1－9　わが国の活火山（警報・予報が出ているもの）

地域	現在の警報・予報	火山名
北海道	レベル1（注）	アトサヌプリ、雌阿寒岳、大雪山、十勝岳、樽前山、倶多楽、有珠山、北海道駒ヶ岳、恵山
東北	レベル1（注）	岩木山、秋田焼山、八甲田山、十和田、岩手山、秋田駒ヶ岳、鳥海山、栗駒山、蔵王山、吾妻山、安達太良山、磐梯山
関東・中部	レベル1（注）	那須岳、日光白根山、草津白根山（湯釜付近以外）、新潟焼山、弥陀ヶ原、焼岳、乗鞍岳、御嶽山、白山、富士山、箱根山、伊豆東部火山群
関東・中部	火口周辺警報	草津白根山（湯釜付近。火口周辺規制）、浅間山（火口周辺規制）
伊豆・小笠原諸島	レベル1（注）	伊豆大島、新島、神津島、三宅島、八丈島、青ヶ島
伊豆・小笠原諸島	火口周辺警報	西之島（入山危険）、硫黄島（火口周辺危険）
伊豆・小笠原諸島	噴火警報	福徳岡ノ場（周辺海域警戒）
九州・南西諸島	レベル1（注）	鶴見岳・伽藍岳、九重山、雲仙岳、霧島山
九州・南西諸島	火口周辺警報	阿蘇山（火口周辺規制）、桜島（入山規制）、新燃岳（火口周辺規制）、薩摩硫黄島（火口周辺規制）、口永良部島（入山規制）、諏訪之瀬島（火口周辺規制）

注　活火山であることに留意

図表1－10　活火山における過去の主な災害

火山名	過去の主な災害（1990年以降）
有珠山	噴石・地殻変動・泥流により住家等の全壊131棟・半壊366棟・一部損壊376棟、道路・鉄道等に被害、住民避難（2000.3〜2001.9）
八甲田山	山麓の田代平で窪地内に滞留した炭酸ガスにより3名死亡（1997.7）
安達太良山	火山ガスにより沼ノ平で4名死亡（1997.9）
草津白根山	本白根山鏡池付近で噴火発生、噴石により1名死亡・11名負傷（2018.1）
浅間山	噴火による降灰・空振で農作物・ガラス等に被害（2004.8〜11）
焼岳	南東山麓の安曇村で熱水性の水蒸気爆発、4名死亡（1995.2）
御嶽山	噴火により58名死亡・5名行方不明・69名負傷（2014.9）
三宅島	雄山噴火／新島・神津島近海地震により1名死亡・15名負傷、住家の全壊15棟・半壊20棟・一部損壊174棟等の被害（2000.7〜10）
阿蘇山	火口縁での火山ガス（二酸化硫黄）により2名死亡（1997.11）
雲仙岳	断続的な火砕流により死者・行方不明者合計44名、建物合計808棟に被害（1991.6〜1993.6）
霧島山	新燃岳爆発で35名負傷、自動車・太陽光パネル等破損（2011.1〜3）
口永良部島	新岳の爆発的噴火により2名負傷、島民・滞在者全員避難（2015.5〜6）

（図表1－9、1－10の出典）
　気象庁「全国の活火山の活動履歴等」（https://www.data.jma.go.jp/svd/vois/data/tokyo/STOCK/kaisetsu/vol_know.html#rireki）、内閣府「防災白書」（http://www.bousai.go.jp/kaigirep/hakusho/index.html）に基づき筆者が作成

(2) 世界人口の動向と社会的なリスク・危機の増大

- ・発展途上国における人口急増が加速し、2050年にはアジア(日本・中国・インドを除く)・アフリカの人口が世界全体の48%に達する一方、先進国では少子高齢化が進展し、2100年には人口が減少する見通しである。
- ・サイバー攻撃が増加・巧妙化しており、企業活動への深刻な影響が懸念される。
- ・今般の新型コロナウイルスをはじめ様々な感染症の影響が深刻化している。世界レベルでの感染症の蔓延やウイルスの変異／薬剤耐性の強化が懸念され、今後も断続的な感染爆発を覚悟しなければならない。

① 発展途上国の人口急増／先進国の少子高齢化

国連の「World Population Prospects 2019」などによると、2018年の世界人口は合計76億人で、10年前(2008年)に比べて12%増加しています。

地域別・経済圏別に内訳をみると、G7が5%増の7億7,000万人、BRICs(中国・インド・ロシア・ブラジル)が9%増の31億4,000万人で、2018年における当該11か国の合計人口は、世界全体の51%を占めています(図表1−11)。

これに対し、アジア(日本・中国・インドを除く)は15%増の16億5,000万人、アフリカは29%増の12億8,000万人で、2018年の両地域の合計人口は世界全体の38%ですが、2008年に比べて約3ポイントアップしています。

こうした動きは、今後さらに加速すると推計され、アジア(同上)の人口は2030年に18億9,000万人、2050年には21億4,000万人になるとみられます。また、アフリカの動きはさらに顕著で、2030年に16億9,000万人、2050年には24億9,000万人となる見通しで、世界人口全体に占める両地域の割合は2030年に42%、2050年に48%に上昇すると推計されています(2100年に至っては59%になる見通し)。

世界の宗教別人口と信徒の地域別分布状況を概括すると、信徒数が最も多いキリスト教(全体の約30%)が世界各地に万遍なく信徒が分布しているのに対し、信徒数2位のイスラム教(全体の約20%)は、信徒がアジア・アフリカに偏在しているとされています。

先程みたアジア・アフリカにおける人口急増を考え合わせると、将来、イスラ

図表１－11　世界の人口動態

| G 7 （日・米・英・独・仏・伊・加）
／BRICs （中・印・露・伯）

現在：世界全体の51％

・人口が横ばい／減少
・少子高齢化が進展

2030年：世界全体の48％
2050年：世界全体の43％
2100年：世界全体の34％ | アジア（日本・中国・インドを除く）
／アフリカ

現在：世界全体の38％

・人口急増

2030年：世界全体の42％
2050年：世界全体の48％
2100年：世界全体の59％ |

（出典）　各種人口統計等に基づき筆者が作成

ム教徒の数が急速に増加するとみられ、ムスリムやアフリカの文化が全世界に広がっていくものと推察されます。

　他方、G７／BRICs／ヨーロッパ（G７・ロシアを除く）の人口は、2030年に合計44億4,000万人、2050年に合計45億1,000万人と横ばいに推移する見通しで、世界人口全体に占めるG７などの割合は、2030年に52％、2050年に46％と下降し、2100年には36％に低下すると推計されています。

　2015～2020年の粗出生率（人口10万人当たりの出生数）をみると、世界全体では18人となっているのに対し、G７が７～12人、BRICsが12～18人、ヨーロッパ全体が10人と、いずれも世界平均を下回っています。

　また、65歳以上人口の割合（2019年の推定中央値）をみると、世界全体が９％であるのに対し、G７が16～28％、BRICsが６～15％、ヨーロッパ全体が19％で、他地域を大きく上回っています。

　欧米では今後も一定の移民が見込まれ、人口の下支えがあると考えられますが、先進国では、このように「人口の減少・低迷」とともに「少子高齢化」が一層進展すると予想されます。因みに、わが国の粗出生率は７人、65歳以上人口の割合は28％と世界トップで、人口は2030年に１億2,100万人、2050年に１億600万人、2100年には7,500万人に減少する見通しです。

　次節以降でも触れますが、「発展途上国の人口急増／先進国の人口減少・少子高齢化」といった動きは、今後、自然・社会・経済環境の変化に大きな影響を与え、「新たなビジネスチャンスが生まれ、広がること」にも、「新たな脅威、リスク・危機が発生すること」にもつながります（図表１－12）。

　人口動態は「見えざる手」によってもたらされるものであり、われわれにとって不可避の事象です。したがって、今後の事業展開・態勢整備にあたっては、こうした動きをできるだけ織り込み、機会を獲得するとともに、脅威や危機を回避していかなければなりません。

図表 1-12　先進国／発展途上国の人口動態による外部環境への影響

先進国	発展途上国
・人口減少・低迷 ・少子高齢化	・人口急増

人々の属性／需要・ニーズに係るマジョリティの変化

・健康状態・体力、趣味・嗜好、思想・信条の変化
・生活・行動様式、所得水準の変化

【自然環境への影響】
・発展途上国を中心とする急速な産業化、地球温暖化・環境破壊の進展
・アジア・アフリカなどにおける水不足の深刻化　　　　　　　　　　　等

【社会環境への影響】
・民族・宗教上のバランスの変化、紛争・テロの増加／ナショナリズム・
　ポピュリズムの台頭
・貧困の深刻化、感染症の蔓延拡大　　　　　　　　　　　　　　　　等

【経済環境への影響】
・発展途上国における需要拡大、経済・産業の急速な発展
・経済のグローバル化／イノベーション／産業構造の転換の進展、国内外
　の経済格差／所得格差の拡大　　　　　　　　　　　　　　　　　　等

「新たなビジネスチャンス」 の発生・拡大	「新たな脅威、リスク・危機」 の発生・拡大
・ポストコロナの新常態を見据えた新たな事業展開／態勢整備を実施	・人々の生活・行動により、感染率・致命率が上昇 ・ポストコロナの新常態への対応の遅れ、競争力低下

② サイバー攻撃の増加・巧妙化

　社会的なリスク・危機というと紛争・テロなどがあげられますが、以下では多くの企業が直面する「サイバー攻撃」「感染症」についてお話しします。

　サイバーテロとは、「国家や社会基盤の情報システムに不正に侵入し、データの破壊や改ざんなどを行うことで、社会機能を不全に陥らせる行為」（岩波書店「広辞苑」（第6版）から引用）のことです。

　情報システムというと、人によって様々な捉え方があると思いますが、本著では、情報システムを以下のとおり位置づけて論じたいと思います。

・サーバや端末機などコンピュータシステムに限らず、ネットワークシステムや格納されている情報・データを包含したもの
・ハードウエアのほか、ソフトウエア（OS・ミドルウエア・アプリケーション）、データやプログラムを保存する記憶装置・媒体を包含したもの

　さて、近年のサイバー攻撃の動向についてみてみましょう。IPA（情報処理推進機構）の「情報セキュリティ白書」によると、国内の情報セキュリティインシデント（情報セキュリティに関する問題事案。IPAが把握したものに限る）件数は、年間300件強と高水準で推移しています（図表1−13）。また、事象別の内訳をみると、DOS攻撃などによる「妨害」や不正メールなどを通じた「侵入・感染」が減少傾向にある一方、「情報流出・紛失」が増加傾向にあることがわかります。

　JNSA（日本ネットワークセキュリティ協会）の「2017年度情報セキュリティインシデントに関する調査報告書」によると、「紛失・置き忘れ」「盗難」といった情報システム以外に起因するインシデントがあるほか、「誤操作」「不正アクセス」「設定ミス」といった情報システムの脆弱性などに起因するものが半分程度あることが窺われます（図表1−14）。

　過去の事例をみると、個人情報・顧客情報が漏えいした場合、1件当たり5,000〜30,000円の賠償金支払を余儀なくされ、漏えい件数によっては億単位の損害を被ることがあります。情報セキュリティに関する役員・社員の意識向上、コンプライアンス遵守を図るとともに、外部からの不正アクセスなどを検知・遮断し情報漏えいを防止するといった情報セキュリティ対策を強化し、こうした事態を回避することは、事業継続上不可欠であると考えます。

図表 1 −13　事象別情報セキュリティインシデントの推移

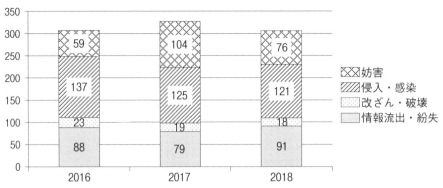

（出典）　IPA「情報セキュリティ白書」（2016〜2019）に基づき筆者が作成
　　　　　Copyright 情報セキュリティ白書（2016〜2019）IPA

図表 1 −14　情報漏えい原因の割合

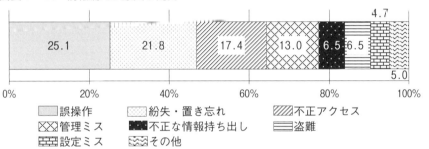

（出典）　JNSA「2017年情報セキュリティインシデントに関する調査報告書」を参考に筆者が
　　　　　作成

次に、主なサイバー攻撃の最近の動向について概観してみましょう。

　図表1-15、16に、標的型攻撃／DDoS攻撃／ランサムウエア／パスワードリスト攻撃／フィッシングについて、概要や最近の動向をまとめていますが、情報セキュリティ対策やセキュリティ教育の強化などにより、件数は総じて減少傾向にあります。

　しかしながら、以下のように手口が多様化・巧妙化したり、新手の攻撃が出現したりと、サイバー攻撃対策は「いたちごっこ」の様相を呈しています。

・「標的型攻撃」については、手口が巧妙化しており、従来の対策をすり抜ける新たな手法が出現するおそれがある。

・不正アクセスやダークウェブを通じて入手／リスト化したID・パスワードを使用してWebサービスに不正ログインし、データの窃取・改ざんなどを行う「パスワードリスト攻撃」が、近年、多数発生している。

・「フィッシング」については、最近、メールやSNSだけでなく、正規サイトの改ざん／スマートフォンの不正アプリ／DNSサーバ情報の書き換えといった新たな手口が出現している。

　また、復旧を条件に身代金を要求する「ランサムウエア」については、個人ユーザーに対する件数は減少傾向にあるものの、企業をターゲットとした件数は増加しており、不正アクセスの防止対策を強化するとともに、データやソフトウエア資産のバックアップを徹底する必要性が高まっています。

　サイバーテロと呼ばれるような大規模なサイバー攻撃はまれですが、個別企業に対するサイバー攻撃は表面化していないものも含めて日常茶飯事で行われています。データの窃取・改ざんや情報システムの稼働停止まで至らなくても、不正アクセスやコンピュータウイルスの侵入の試みは常に行われているとみなければなりません。

　ひとたび、サイバー攻撃により情報漏えいや情報システムの損壊などが発生すれば、多大な損失を被ることになります。ICT基盤が企業活動の基幹となる中、企業活動を円滑に進めるためには、情報・データや情報システムのセキュリティ対策を適切に講じなければなりません。

図表1−15 主なサイバー攻撃

手法名	概　要
標的型攻撃	・特定の企業・組織・業界が保有する機密情報の窃取、システム・設備の破壊・停止を目的に、ウイルスメールや悪意あるWebページを使って行われるサイバー攻撃 ・5段階のプロセス（事前調査→初期潜入→攻撃基盤構築→システム調査→攻撃最終目的の遂行）を経ることから、長期間にわたって攻撃が行われることが多い ・近年は件数が減少傾向にあるが、手口が巧妙化しており、従来の対策をすり抜ける新たな手法の出現が懸念
DDoS攻撃	・Webサーバ等の攻撃対象に対して多数の端末からデータを送信することで、攻撃対象のリソースに負荷をかけ、サービス運用を妨害する攻撃
ランサムウエア	・パソコンやネットワーク接続された共有フォルダ等に保存されたファイルの暗号化／画面ロック等を行うことによりシステムを使用不能な状態にし、復旧を条件に身代金を要求する攻撃 ・近年、ランサムウエア検出件数は減少傾向にあるが、企業をターゲットにした件数は増加。また、手口が巧妙化しており、依然として警戒が必要な状況
パスワードリスト攻撃	・不正アクセスやデータウェブから入手したIDとパスワードの組合せをリスト化した情報を使用して、他のWebサービスに不正ログインし、データの窃取・改ざん等を行うサイバー攻撃 ・2018年、パスワードリスト攻撃が原因とされる不正ログイン事案が多数発生
フィッシング	・正規の企業等を装い、メールやショートメッセージサービス（SMS）等を使用して、ID・パスワードやクレジットカード・預金口座情報等を利用者からだまし取る攻撃 ・最近は、メールやSMSだけでなく、正規サイトの改ざんやスマートフォンの不正アプリ、DNSサーバ情報の書き換えによるフィッシングも出現

（出典）　IPA「情報セキュリティ白書」（2019）に基づき筆者が作成

図表1−16 ランサムウエア攻撃の状況
（Symantec社「インターネットセキュリティ脅威レポート」）

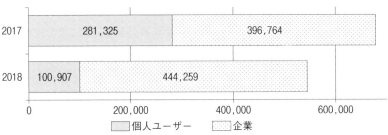

（出典）　IPA「情報セキュリティ白書」（2019）に基づき筆者が作成
　　　　Copyright 情報セキュリティ白書（2019）IPA

③　感染症の深刻化

　本著を執筆するきっかけとなったのが、「新型コロナウイルス感染症」の世界的感染拡大です。

　少なくとも筆者は、「ペストやスペイン風邪の世界的流行は歴史上の出来事」「エボラ出血熱やSARS・MERSは対岸の火事」といった偏見にとらわれ、わが国において感染症の影響がここまで深刻になるとは想像できませんでした。

　しかし、新型コロナウイルス感染症の災禍を体感するとともに、「多剤耐性肺結核が存在すること」「ウイルスの変異により感染力や毒性が強まること」などを知り、あらためて感染症の脅威に震撼させられました。

　図表1－17は、近年の主な感染症についてまとめたものですが、これをみると、「今後、急速な人口増加と経済発展が見込まれる地域において、深刻な脅威となるおそれが強い感染症」と「全世界で感染が広がっている既往感染症ながら、今後、深刻な脅威となるおそれが強いもの」がそれぞれ複数存在することがわかります。

1）　急速な人口増加・経済発展が見込まれるアフリカなどでの感染症

　アジア・アフリカ・中南米などにおいて発生している感染症として、エボラウイルス病（エボラ出血熱）／黄熱／マラリアなどがあげられます。

　エボラウイルス病を除き予防薬や治療薬が開発され、感染・発症・重症化を抑止できるようになっていますが、アフリカなどでは貧困が蔓延し、生活・衛生環境が劣悪で、子供・高齢者を中心に健康状態が損なわれ、体力・免疫力が低下していると懸念されます。また、医療／保健体制・施設も十分に整備されず、予防接種など防疫や発症後の医療も不十分なため、ひとたび感染症が発生すると大流行を招き、甚大な人的被害が生じることが危惧されます。

　黄熱・マラリアは熱帯地域などに生息する蚊が媒介して感染が広がり、エボラウイルス病などは飛沫・接触によって感染しますが、今後、地球温暖化やグローバルレベルでの人の移動・物流によって、全世界に蔓延することが否定できません。したがって、アフリカなどに事業展開する場合に限らず、こうした感染症が世界的に蔓延することも想定して事業展開や態勢整備、リスク管理や危機対応を検討していかなければならないと考えます。

図表１−17−１　近年の主な感染症

感染症名	概要
エボラウイルス病（エボラ出血熱）	●感染症法の分類：１類感染症（注１） ●発生地域：アフリカ等 ・エボラウイルスは、野生動物から人に伝染し、人から人への感染を通じて感染が拡大（患者の血液・分泌物・排泄物・唾液などの飛沫／遺体等への接触により感染） ・発熱・倦怠感・頭痛・筋肉痛などが生じ、腹痛・嘔吐・下痢などが継続。多くは脱水症状、播種性血管内凝固症候群、多臓器不全で死亡。平均的な致命率は約50％（25〜90％） ・2014〜2016年の西アフリカ（ギニア・シエラレオネ・リビア）の大流行では、患者数（疑いの症例含む）28,616名、致命率40％。2014年８月、WHOが「国際的に懸念される公衆衛生上の緊急事態（PHEIC）」を宣言（2016年３月解除） ・2018〜2019年のコンゴ民主共和国の大流行では、患者数（疑い症例含む）3,358名、致命率66％。2019年７月、WHOが「PHEIC」を宣言
結核	●感染症法の分類：２類感染症（注２） ●発生地域：全世界 ・2018年、世界全体で合計150万人が結核によって死亡（25万人のHIV患者を含む）。世界的にみて、結核は死因のトップ10の一つであり、単一の感染症病原体による死因のトップ ・2018年、合計1,000万人（男性570万人、女性320万人、子供110万人）が結核に罹患したと推定 ・2018年の新たな結核症例は、上位30か国が世界全体の87％、上位８か国（インド・中国・インドネシア・フィリピン・パキスタン・ナイジェリア・バングラディシュ・南アフリカ）が３分の２を占めている ・多剤耐性肺結核（MDR-TB）が、公衆衛生の危機や医療保障の脅威に。最も効果的な第一選択薬であるリファンピシン（抗生物質の一種）への耐性に関する484,000の新たな症例があると推定 ・世界的には、結核の発生は年間約２％減少しているが、「結核終息戦略（〜2030年）」における2020年指標を達成するためには、年間４〜５％の減少に加速することが必要
重症急性呼吸器症候群（SARS）	●感染症法の分類：２類感染症（注２） ●発生地域：全世界 ・SARSコロナウイルスの飛沫感染等によって引き起こされるウイルス性の呼吸器疾患 ・2002〜2003年の中国を中心とするアウトブレイク（感染爆発）では、37の国・地域に感染がひろがり、患者数8,096名、致命率9.6％
中東呼吸器症候群（MERS）	●感染症法の分類：２類感染症（注２） ●発生地域：中東、韓国等 ・MERSコロナウイルスの飛沫感染等によって引き起こされるウイルス性の呼吸器疾患 ・2012〜2013年にアラビア半島諸国、2015年に韓国を中心にアウトブレイク。2019年11月末時点で合計患者数2,494名、致命率34％

注１　感染力・重篤度・危険性が極めて高く、早急な届出が必要
注２　感染力・重篤度・危険性が高く、早急な届出が必要
（出典）　新聞記事等に基づき筆者が作成

2) 変異や薬剤耐性の強化が危惧される世界的な既往感染症

まず、結核について触れたいと思います。

結核は、予防接種や治療薬が確立され、かつてのような「不治の病」ではなくなってきていますが、全世界で年間約1,000万人が罹患し、150万人が死亡していると推定され、死因のトップ10に含まれています（単一の感染症病原体による死因ではトップ）。

結核は、飛沫で感染しますが、わが国の場合、体内に免疫を有する人が多く、発症するのは10人に1～2人とされています。しかしながら、免疫によって結核菌の活動が停止しても死滅せず、そのまま体内にとどまるケースが多く、免疫力が低下すると再び活発化し、結核を発症することがあるといわれています。

また、抗生物質に対する耐性を有する多剤耐性肺結核の症例が多数報告されており、新たな治療法の構築が必要とみられ、結核の終息は容易ではないと考えられます。

新型コロナウイルス感染症については、早晩、予防薬や治療薬が開発され、今般の世界的大流行については一旦収束するでしょう。

しかしながら、既往ウイルス感染症と同様、新型コロナウイルスが変異し、体内に生成された抗体や既往治療薬が機能せず、今後、第2波・第3波が到来することが容易に推定されます。また、結核菌同様、体内にウイルスが残存し、免疫力の低下によって発症・重篤化するとともに、スーパースプレッダーとして濃厚接触者に感染を拡散させることがあるかもしれません。

スペイン風邪と同様、再びアウトブレイク（感染爆発）が発生すれば、一定期間、生活や企業活動が制限され、甚大な影響を被ることになります。このように、ウイルス感染症の流行は一過性のものではなく、今後、断続的にこうした事態になることを覚悟しなければなりません。

感染症対策が必要なのはいうまでもありませんが、各企業においては、これまでのビジネスモデルや仕事のやり方を見直し、企業活動が制限される中でも、一定の業務を継続できるよう業容・業態を再構築することが肝要であると考えます。

図表１－17－２　近年の主な感染症（続き）

感染症名	概要
黄　熱	●分類：４類感染症（注３） ●発生地域：アフリカ・中南米の熱帯地域 ・ウイルスを持ったネッタイシマカによって伝染する急性の出血疾患。発熱・頭痛・背部痛・虚脱・嘔吐が生じ、重症化すると腎障害・鼻や歯根からの出血・下血・黒色嘔吐・黄疸等を発症。致命率は30〜50% ・罹患した場合の特効薬はなく対処療法によるしかないが、ワクチンの１回接種で予防可能 ・2017年に「黄熱流行の排除に向けた国際戦略（EYE）」が打ち出され、アフリカ・中南米40か国に対し、予防・検疫や発症への対応に関する支援を実施。2026年までに100万人以上の感染抑止が期待
マラリア	●分類：４類感染症（注３） ●発生地域：アジア・アフリカ・中南米を中心とする全世界 ・マラリア原虫を媒介するハマダラカによって伝染する原虫感染症。高熱・頭痛・嘔吐などが生じ、重症化すると脳マラリアによる急性腎不全・意識障害、溶血によるヘモグロビン尿・黄疸、脾臓肥大・低血糖・肺水腫などが発症し死亡することもあり ・2016年、91の国・地域で２億1,600万人が罹患し、445,000人が死亡（致命率0.2%。死亡数の３分の２が５歳未満の子供） ・抗マラリア薬の内服や抗マラリア　ワクチンの接種により予防、発症・重症化リスクの軽減に効果。治療法としてはアルテミニシン（抗マラリア薬）を基軸とする併用療法（ACT）が有効
新型インフルエンザ／鳥インフルエンザ	●分類：新型インフルエンザ等感染症（①）／２類感染症（②）（注２） ●発生地域：全世界 【①A型のH1N1亜型】 ・豚由来のA・H1N1亜型インフルエンザウイルスの飛沫感染等によって引き起こされる感染症 ・2009年、メキシコ・米国を発端に世界的に感染が拡大。８月29日時点で、世界全体の患者数268,609名、死者数3,014名（致命率1.1%。死者数は2009年12月21日時点で12,040名） 【②A型のH5N1／H7N9亜型（鳥インフルエンザ）】 ・いわゆる鳥インフルエンザで、人から人への感染が確認されていないものもあるが、変異の可能性があり、感染力や毒性が強まることが懸念
新型コロナウイルス感染症（COVID-19）	●分類：指定感染症（注４） ●発生地域：全世界 ・新型コロナウイルスの飛沫感染等によって引き起こされるウイルス性の呼吸器疾患 ・2019年11月、中国武漢市で初めて検出され、以後、世界的に感染が拡大。2020年１月末、WHOが「PHEIC」を宣言し、３月11日には「パンデミック相当」との認識を表明 ・2020年10月末時点で、世界全体の感染者数約4,600万人、死者数約120万人

注３　人同士の感染はないが、動物・飲食物等を介して人に感染するため、早急な届出が必要

注４　既知の感染症の中で、上記の１〜３類（注５）に分類されない感染症で、１〜３類に準じる対応が必要な感染症

注５　感染力・重篤度・危険性は高くはないものの、集団発生を起こす可能性が高いため、早急な届出が必要

（出典）　新聞記事等に基づき筆者が作成

（3） 経済環境の変化に伴うリスク・危機の増大

・最近10年間の名目GDPの推移をみると、G7諸国は17％増加にとどまっており、世界全体に占める割合が52％から46％に下がっている。他方、BRICsは倍以上増加し、同割合が15％から23％に上昇している。中国を中心に、自動車・粗鋼・穀物の生産、原油・石炭・鉄鉱石の産出などにおいて高いシェアを有し、世界経済における存在感が急速に高まっている。

・最近10年間の1人当たり名目GDPの推移をみると、BRICs・東アジア・東南アジアにおいて高い伸びがみられる。他方、アフリカでは横ばいとなっており、先進国と発展途上国の格差が拡大している。

・アフリカなど人口が急増している地域における貧困層の拡大や所得格差の拡大は社会不安や紛争を招き、企業活動上のリスクになることを考慮する必要がある。

---

① 先進国における低成長／格差の進行

　IMFなどの統計に基づいて推計すると、2018年における世界全体の名目GDPは、約85兆米ドルで2008年対比33％増加しています。

　地域別・経済圏別にみると、2018年におけるG7の名目GDPは、合計39兆米ドルで2008年対比17％増加と世界平均の半分にとどまっているため、世界全体に占める割合が52％から46％に下落しています（図表1－18）。

　G7をはじめ先進各国においては、人口増加の頭打ち／少子高齢化の進展／経済のソフト化／自動車産業を中心とする現地生産化などがあいまって、消費・設備投資・輸出とも低迷していることが窺われます。

　ただ、そうした低成長下にあっても、ICT化やイノベーションの進展により一層の生産性向上が図られ、2018年におけるG7の1人当たり名目GDPは5万米ドルと2008年対比で11％増加しており、世界全体の増加率（19％）との乖離は、それほど大きくないと評価されます。

図表 1 −18　地域別・経済圏別の経済環境

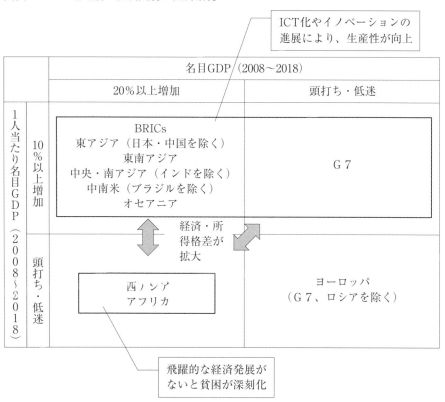

（出典）　各種統計に基づき筆者が作成

他の地域・経済圏における１人当たり名目GDPの増加率（2008～2018年）をみると、BRICsが94％、東アジア（日本・中国を除く）が53％、東南アジアが62％と世界全体に比べて高くなっています。他方、アフリカについては１％増（2008年 1,830米ドル→2018年 1,845米ドル）と横ばいを余儀なくされ、その結果、１人当たり名目GDPに関するＧ７とアフリカの格差は、25分の１（2008年）から27分の１（2018年）へと拡大しています。

先程、「アジア（日本・中国・インドを除く）・アフリカにおいて人口が急増し、世界人口全体に占める両地域の割合が2030年に42％、2050年に48％に上昇するとみられる」と言及しましたが、特にアフリカにおける飛躍的な経済発展が実現されなかった場合、貧困層が大幅に増加するとともに、先進国との経済・所得格差が一層拡大することが予想されます。

企業経営者としては、こうした動きは如何ともしがたいことですが、所得格差の拡大が社会環境の悪化を招き、事業・経営上の看過できないリスクになることを肝に銘じる必要があると考えます。

② BRICs等の台頭

2018年におけるBRICs（中国・インド・ロシア・ブラジル）の人口は合計31億人、名目GDPは合計20兆米ドルで、世界全体に占める割合は、それぞれ41％（人口）、23％（名目GDP）となっており、世界経済において大きな影響力を有していることがわかります（図表１－19）。

４か国に共通するのは、「広大な国土を有し、鉱物資源や肥沃な土壌に恵まれるほか、豊富な労働力を強みに製造業の振興を図っている」という点です。

各種統計から世界全体に占める割合をみると、例えば、原油の産出量は約20％、石炭の産出量は約60％、鉄鉱石の産出量は約50％、コメ・小麦・大麦・トウモロコシなどの穀物の生産量は約40％にのぼっています。

また、製造業については、「世界の工場」を標榜する中国を中心に、急速に拡大しています。

例えば自動車についてみると、豊富かつ安価な労働力と現地生産化の進展を背景に、2019年の生産台数は４か国合計3,500万台（うち、中国は2,600万台）となり、世界全体に占める割合は約40％（うち、中国は約30％）になっています（図表１－20）。

図表 1 − 19　BRICsの台頭

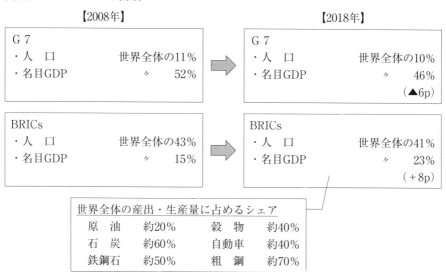

（出典）　各種統計に基づき筆者が作成

粗鋼については、鉄鉱石が豊富に産出されることに加え、国内の建設需要など
が急速に拡大していることから、2019年の生産量は4か国合計12億トン（うち、
中国は10億トン）にのぼり、世界全体に占める割合は約70％（うち、中国は約
50％）になっています。

　BRICs各国における製造業、特に自動車・電機製品といった加工組立型の製造
業の急拡大は、「原材料・部品を輸入し、国内で加工・アセンブリして、海外に
輸出する」という動きを加速させ、貿易額の急増につながっています。

　とりわけ中国においては顕著で、国連貿易開発会議の統計によると、2018年に
おける輸出額は2兆5,000億米ドル、輸入額は2兆6,000億米ドルで、2009年に比
べてそれぞれ74％、131％増加しています。その結果、世界全体の貿易額に占め
る中国の割合が、輸出・輸入とも13％と世界第1位になっており、世界経済にお
ける中国の存在感が急速に高まっていることが窺われます。

　今般の新型コロナウイルス感染症対策において、医療用を含めてマスクの調達
が困難になったり、特定のゲーム機が巣籠り需要に対応できなかったりといった
事象が発生しました。これは、マスクやゲーム機の生産における中国への依存度
が高いことが主因で、ロックダウンによって製造工場が操業停止を余儀なくさ
れ、あるいは、原材料や部品が調達できず、急増する世界需要に供給が追い付か
なかったことによるものと考えられます。

　従前、労働集約型の製造業を中心に安価な労働力を求めて中国などに進出し、
「巨大な国内市場に製品を供給するとともに、余剰生産分を海外に輸出する」と
いうビジネスモデルで、わが国や欧米の企業が事業拡大を進めてきました。

　しかしながら、「経済環境の変化への対応」や「危機発生時における安定供
給」の必要性から、グローバルなサプライチェーンの再構築が強く求められてい
ます（図表1-21）。

　ただ、当然のことながら、コストの最適化が必須であり、特に労働コスト・輸
送コストをできる限り抑えることが不可欠です。

　したがって、例えば、自動車産業のように「進出した国・地域の需要を充足す
る分を現地生産する」ということを基本とし、「輸出分については、わが国など
基幹生産拠点において調整弁的に生産を行う」といった方策をとることが有効で
あると考えます（生産拠点のローカル化（地元化））。

図表1-20　主要国における自動車生産台数

国　名	生産台数（千台）		全体に占めるシェア（％）	
	2009年	2019年	2009年	2019年
中　国	13,791	25,721	22.3	28.0
米　国	5,709	10,880	9.2	11.9
日　本	7,934	9,684	12.8	10.6
ドイツ	5,210	4,661	8.4	5.1
インド	2,642	4,516	4.3	4.9
メキシコ	1,561	3,987	2.5	4.3
韓　国	3,513	3,951	5.7	4.3
ブラジル	3,183	2,945	5.2	3.2
スペイン	2,170	2,822	3.5	3.1
フランス	2,048	2,202	3.3	2.4
タ　イ	999	2,014	1.6	2.2
カナダ	1,490	1,917	2.4	2.1
ロシア	725	1,720	1.2	1.9
トルコ	870	1,461	1.4	1.6
チェコ	983	1,434	1.6	1.6
イギリス	1,090	1,381	1.8	1.5
インドネシア	465	1,287	0.8	1.4
スロバキア	461	1,100	0.7	1.2
イタリア	843	915	1.4	1.0
イラン	1,394	821	2.3	0.9
世界全体	61,762	91,787		

（出典）　日本自動車工業会「自動車統計月報」に基づき筆者が作成

また、先進国の生産拠点を中心に自動化・省力化・ICT化を一層推進し、労働コストの低減をこれまで以上に進め、「労働集約型」から「資本集約型」「知識集約型」への業態転換を図ることが不可欠であると考えます。

　いずれにしても、世界レベルでサプライチェーンを再構築する場合には、対象国における需要を適切に把握し、それに適合する現地の供給体制を構築するとともに、各生産拠点において合理化・効率化を徹底的に進め、付加価値生産性を高めることが重要であるといえます。

図表1−21　世界レベルの産業構造の転換／サプライチェーンの再構築

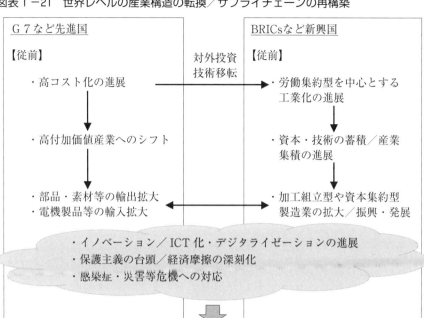

G7など先進国

【従前】

・高コスト化の進展

対外投資
技術移転

・高付加価値産業へのシフト

・部品・素材等の輸出拡大
・電機製品等の輸入拡大

BRICsなど新興国

【従前】

・労働集約型を中心とする
　工業化の進展

・資本・技術の蓄積／産業
　集積の進展

・加工組立型や資本集約型
　製造業の拡大／振興・発展

・イノベーション／ICT化・デジタライゼーションの進展
・保護主義の台頭／経済摩擦の深刻化
・感染症・災害等危機への対応

・飛躍的な生産性向上／コストダウン
・知識集約型産業の拡大／振興・発展
・機密保持／危機時の安定供給／経済摩擦回避などへの要請強化

【今後】

・グローバルなサプライチェーンの再構築
・自動車産業などによるローカルな事業展開の進展
・GAFAなどによるグローバルな事業展開

2 激変する外部環境

(1) 市場／需要・ニーズの変化

・消費者における高齢化／志向・ライフスタイルの変化、企業における業容・業態／ビジネスモデルの変化、イノベーション／ICT化・デジタライゼーションの進展に伴い、今後、市場や需要・ニーズの多様化・高度化が進むと考えられる。

① 市場における需要者・供給者の変化

　通常、「B to B」「B to C」は「B（事業者）が製品・サービスをBあるいはC（個人消費者）に供給する」という業容・業態のことをいいますが、本著では「供給者（売り手）であるBまたはCから調達した物品・サービスを投入・利用して付加価値を創造し、需要者（買い手）であるBまたはCに製品・サービスを供給する」という意味合いで使用したいと思います。

　図表1-22は、上記の考え方に基づいて市場を区分し、整理したものですが、インターネットやパソコン、スマートフォンの普及・浸透に伴い、従来型の「B to B」「B to C」に加えて、個人が物品・サービスの供給者となる「C to B」「C to C」という新たな市場が出現しています。

　例えば、YouTuberは、Googleが運営する動画配信サービスにコンテンツを投稿し、当該サイトに広告を掲載した事業者から収入を得ます。事業者は、YouTubeの高い訴求力に期待し、対価を払って当該サイトに広告を掲載し、不特定多数の者に宣伝を行います。Googleは、場の提供を通じて両者を仲介し、手数料収入を得ます。

　また、気象情報提供事業を手がけるウェザーニューズ社では、有料会員が「ウェザーリポーター」となり、各地で収集した気象情報を同社に提供し、それを活用してピンポイントの気象予報をきめ細かく行うというサービスを展開しています。これも、「C to B」の例といえるでしょう。

図表 1 −22　市場の分類

		製品・サービスの供給者（売り手）	
		事業者	消費者
製品・サービスの需要者（買い手）	事業者	**B to B** （例） ・製造業 ・卸売業 ・事業向けサービス業	**C to B** （例） ・YouTuber ・ウェザーリポート（注）
	消費者	**B to C** （例） ・小売業 ・飲食業 ・個人向けサービス業	**C to C** （例） ・フリーマーケット ・ネットオークション ・民泊 ・ボランティア活動

注　ウェザーニューズ社が行う会員からの気象情報提供。

【供給者（売り手）】　　　　　　　　　　　　　　　　【需要者（買い手）】

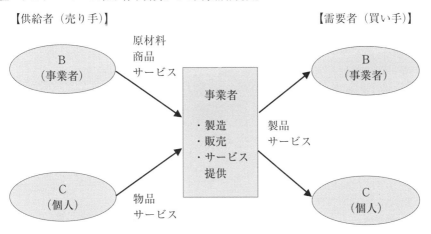

「C to C」の例としては、特定事業者が運営するサイトにおいて、個人間で製品の売買が行われる「インターネット上のフリーマーケットやオークション」があげられます。また、WebサイトやSNSなどを通じて、民泊の予約・サービス提供やボランティア活動の募集・受入が円滑に行われるようになっていますが、これも、「C to C」に該当します。

「C to C」の場合には、「個人間の物品・サービスの取引」になりますが、この個人間の取引を事業者が有料で仲介したり、広告収入などを得て場の提供を行ったりすることにより、立派なビジネスになります。このように、インターネットやパソコン、スマートフォンの普及・浸透によって、「個人が物品・サービスの供給者として市場に登場し、市場の多様化・高度化に寄与するようになってきている」と評価できるでしょう。

② 消費者／事業者における需要・ニーズの変化

次に需要者における需要・ニーズの変化について考えてみたいと思います。

消費者／事業者における需要・ニーズの基本は、図表1－23に示すような「普遍的なもの」と考えます。すなわち、いかなる環境変化があっても、以下のような需要・ニーズは、人が人でいる限り変わらないと考えられます。

・「高機能・高性能の物品／サービスを投入・消費・利用することにより、大きな効用／収益を享受したい」
・「ニーズに応じて適時・適量の物品／サービスを投入・消費・利用したい」
・「コストパフォーマンスのよい物品／サービスを投入・消費・利用したい」

しかしながら、以下のようなことを契機に、具体的な需要・ニーズが変化したり、新たな需要・ニーズが生じたりすることが想定されます（図表1－24）。

1) 個人消費者における属性・ライフスタイルの変化

消費者に関しては、高齢化の進展、居住地／家族構成／交友関係の変化、モノからサービスへの志向変化、本物志向・独自志向・合理化志向の強まりを背景に、例えば、以下のような需要・ニーズが喚起されたり、需要・ニーズが変化したりすると考えられます。

・高齢化の進展により、貯蓄水準の上昇／1人当たり消費量の減少／健康志向の高まりといった傾向が強まり、「多様な物品・サービスを小口で消費・利用したい」「充実した生活支援・医療・介護を受けたい」「趣味や旅行／孫にお金を

図表1-23　消費者／事業者の需要・ニーズ

	普遍的な需要・ニーズ	需要・ニーズの変化要因（例）
消費者	・高機能・高性能の製品／サービスを消費・利用することにより、大きな効用を享受したい ・ニーズに応じて適時・適量の製品／サービスを消費・利用したい ・コストパフォーマンスのよい製品／サービスを消費・利用したい	○属性の変化 ・高齢化の進展 ・居住地の変化 ・家族構成／交友関係の変化 ○ライフスタイルの変化 ・モノからサービスへの志向変化 ・本物志向・独自志向・合理化志向の強化 ○イノベーション／ICT化・デジタライゼーションの進展
事業者	・高機能・高性能の商品／原材料／サービスなどを仕入・投入・利用することにより、大きな収益を享受したい ・ニーズに応じて適時・適量の商品／原材料／サービスなどを仕入・投入・利用したい ・コストパフォーマンスのよい商品／原材料／サービスなどを仕入・投入・利用したい	○業容・業態／ビジネスモデルの変化 ・採算性向上への要請強化 ・コスト削減への要請強化 ・職場環境向上／ダイバーシティ対応への要請強化 ○イノベーション／ICT化・デジタライゼーションの進展

かけたい」といった需要・ニーズが強まる。

・テレワーク・リモートワークの進展／世帯人数の減少／交友関係の多様化などを背景に、「海外や地方に移住したい」「都市部のマンションに住みたい」「単身あるいは二人で消費・利用したい」「職場・学校・近隣以外の交友を深めたい」といった需要・ニーズが喚起される。

・モノからサービスへの志向変化、本物志向・独自志向・合理化志向の強まりを背景に、「物品の消費よりもサービスの利用を拡充したい」「住居や自動車を所有せず、賃貸・シェアしたい」「高価格でも高い効用が得られるもの／他人とは異なるものを消費・利用したい」といった需要・ニーズが高まる。

・イノベーション／ICT化などの進展により、「バーチャルな環境での交流を深めたい」「インターネットでの物品購入・サービス利用を拡充したい」「リアルだけでなくバーチャルな体験もしたい」といった需要・ニーズが喚起される。

2)　事業者における業容・業態／ビジネスモデルの変化

　事業者に関しては、外部環境が大きく変化する中、新たな事業展開により機会を獲得したり、事業態勢の再構築により脅威を回避したりといった動きが強まり、例えば、以下のような需要・ニーズが強まったり、新たに喚起されたりすることが想定されます。

・「アライアンス／アウトソーシングの活用により企画・設計・開発を強化し、新製品・サービスの開発などを推進したい」

・「営業態勢などの再構築／営業マンのスキルアップによりソリューション提案を推進し、効率的・効果的な営業を実現したい」

・「生産・販売に係るリードタイムの短縮やコストダウンを推進するため、事業体制／業務プロセスを再構築し、ファブレス化／多能工化、固定費の変動費化／適正化を進めたい」

・「テレワーク・リモートワーク／裁量労働制の導入・強化、ワークライフバランスの定着を図り、柔軟な勤務・労務管理態勢を築きたい」

　このような個人消費者／事業者における需要・ニーズの喚起や変化により、市場に新たな「機会」が生まれ、同時に新たな「脅威」が生まれることになります。今後の事業展開を検討するうえで、企業経営者は、こうした需要・ニーズの変化を的確に把握しなければなりません。

図表1−24　想定される消費者／事業者の需要・ニーズ変化

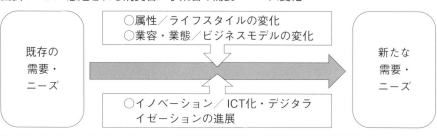

	変化要因	想定される新たな需要・ニーズ（例）
消費者	・高齢化の進展	・多様な物品・サービスを小口で消費・利用したい ・充実した生活支援・医療・介護を受けたい ・趣味や旅行／孫にお金をかけたい
	・居住地の変化	・海外や地方に移住したい ・都市部に居住したい ・戸建に住みたい／マンションに住みたい
	・家族構成／交友関係の変化	・単身／二人で消費・利用したい ・職場・学校・近隣以外の交友を深めたい ・バーチャルな環境での交流を充実させたい
	・モノからサービスへの志向変化	・物品の消費よりもサービスの利用を拡充したい 　住居や自動車などを所有せず、賃貸・シェアしたい ・インターネットでの物品購入・サービス利用を拡充したい ・リアルだけでなくバーチャルな体験もしたい
	・本物志向・独自志向・合理化志向の強化	・高価格でも高い効用が得られる物品・サービスを消費・利用したい ・他人とは異なる物品・サービスを消費・利用したい ・ムダな消費・利用を抑えたい
事業者	・採算性向上への要請強化	・アライアンス／アウトソーシングの活用により企画・設計・開発を強化したい ・新製品・サービスの開発／事業化、既往製品・サービスの拡充を図りたい ・新規取引先の構築／既往取引先の見直しを図りたい ・知識集約型への転換を図りたい ・ソリューション提案を推進したい ・品揃えの強化・見直しを図りたい ・不採算事業から撤退したい／有望事業を取得したい
	・コスト削減への要請強化	・事業体制／業務プロセスを再構築したい ・アライアンス／アウトソーシングを強化したい ・ファブレス化を進めたい ・多能工化を進めたい ・経営・事業管理態勢の強化／見直しを図りたい ・遊休・余剰資産／設備を削減したい ・固定費の変動費化／適正化を図りたい
	・職場環境向上／ダイバーシティ対応への要請強化	・テレワーク・リモートワーク／裁量労働制の導入・強化、ワークライフバランスの定着を図りたい ・職場環境の向上を図りたい ・ダイバーシティ対応を強化したい

③ 市場のグローバル化・ローカル化、小規模・細分化／多様化

　これまでみてきたような需要・ニーズの変化により、「市場の規模や市場エリアの広さ」「市場で取り扱われる製品・サービスの機能・性能・効用／品質／価格に対する要求」が、今後、大きく変化すると予想されます。

　市場の規模／市場エリアの広さに関しては、需要・供給の拡散やグローバル化が進展すると、市場の規模やエリアは拡大します。例えば、GAFA（Google、Amazon、Facebook、Apple）などプラットフォーマーが対象とする市場は、世界レベルでICT基盤／輸送網が整備されることにより、全世界で共通のサービスを一律で提供することが可能となり、「グローバルな市場」になると予想されます（図表 1 －25）。

　他方、自動車産業においては、関税や輸送コストの低減などの観点から、「部品・素材を現地で調達し、販売市場の近隣で需要を踏まえて適時・適切に加工・組立を行う」というビジネスモデルが徹底され、各国・地域への完成車メーカー・部品メーカーの集積が進み、「市場のローカル化（地元化）」が一層進展すると考えられます。

　また、市場で取り扱われる製品・サービスの機能・性能・効用／品質／価格に対する需要・ニーズは、以下のように多様化すると考えられます（図表 1 －26）。

・成長期にある製品・サービス：「高価格でもよいから、機能・性能・効用／品質が高いものがほしい」

・成熟期にある製品・サービス：「機能・品質などが高い製品・サービスを低価格で消費・利用したい」

・大量に消費する日用消耗品など：「機能・品質などが低くてもよいから、とにかく安いものがほしい」

・衰退期にある製品で製造が中止されたものなど：「機能・品質などが低くても希少だから、高価格でもほしい」

　こうした需要・ニーズを踏まえて、供給者側がバリューチェーン・サプライチェーンを再構築し、個別に対応することにより、市場の小規模・細分化／多様化が進展すると予想されます。

図表1－25　市場のグローバル化・ローカル化（イメージ）

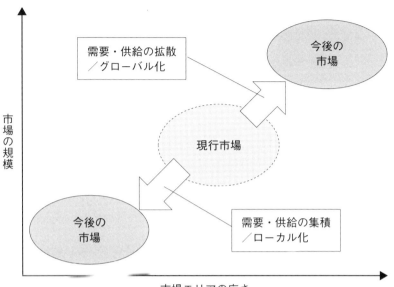

図表1－26　市場の小規模・細分化／多様化（イメージ）

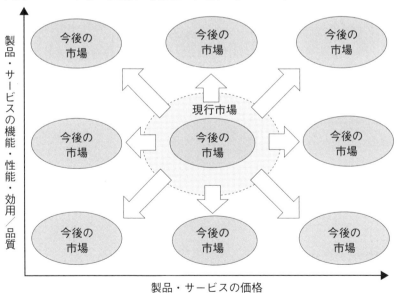

④　需要・ニーズの高度化

　製品・サービスの機能・性能・効用／品質・供給・価格に対する需要・ニーズは、イノベーション／ICT化・デジタライゼーションの進展と同業者間の競合／新規・代替品の参入の激化を背景に、高度化する傾向があります（図表1－27）。

　特にライフサイクルが成長期・成熟期にある場合、以下のようなスパイラルが生じ、需要・供給双方の高度化が加速度的に進展するということが見受けられます。

1)　供給者側で競って製品・サービスの開発・拡充が進められ、機能・価格などに対する需要者の当座の要求が充足される。

2)　当座の要求が充足されると、飽くなき需要者の要求水準が一層高まる。

3)　需要者のさらなる要求に対応するために、もう一段のイノベーションが促され、製品・サービスの一層の高度化が実現される。

　例えばICT製品は、サーバなどハードウェアの高速処理化、記憶装置などの大容量化、OS・ミドルウェア・アプリケーションの高機能化、ネットワークの高性能化、センシング・画像処理技術などの高度化があいまって、機能・性能・効用／品質・供給力の高度化、低価格化が実現され、需要者における当座の要求が充足されます。

　しかし、ICT化／デジタライゼーションが急速に進展する中で、ICT製品に対する需要者の要求水準がさらに高まり、それがICTの革新・高度化を加速させていくことになります。

　こうした需要・ニーズの高度化に関しても「機会」と「脅威」が表裏一体で共存しており、事業展開を検討するうえで十分に考慮し、「機会は何か」「脅威は何か」を見極める必要があります。

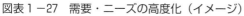

図表1−27　需要・ニーズの高度化（イメージ）

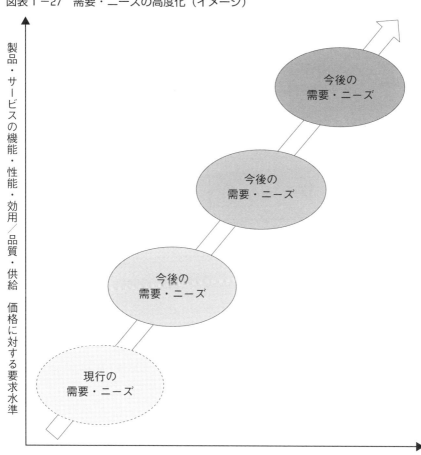

⑵　供給構造の変化

・需要・ニーズが多様化・高度化する中、イノベーション／ICT化・デジタライゼーションの進展に伴い、新たな事業展開／態勢強化が促進され、事業の採算性／効率性が飛躍的に向上することが期待される。
・各企業が新たな事業展開／態勢強化を進める中で、今後、バリューチェーンの再構築／アライアンス強化による外部資源の活用が促進され、市場全体でサプライチェーンの再構築／ファイブフォースの変化が進むと予想される。

①　イノベーション／ICT化・デジタライゼーションの進展

　イノベーションやICT化・デジタライゼーションの進展は、企業の事業展開や事業・経営態勢に大きな影響をもたらします（図表 1 −28）。

　具体的には、これまでなかった製品・サービスが生み出されたり、不可能だった機能・性能・効用／品質・供給・価格が実現され機能などの高度化が図られたり、能力増強や自動化・省力化などにより生産・販売に係るリードタイムが大幅に短縮されたりといったことが起こり、事業の採算性／効率性が飛躍的に向上します。

　特にICT化・デジタライゼーションは、以下の観点から、採算性／効率性の向上に大きく寄与すると評価されます。

1 ）　作業の効率化

　定型的な事務処理を中心に、人手で行っていた作業をコンピュータシステムやRPAなどに置き換えることにより、迅速かつ正確な作業が可能となる。

2 ）　情報・データの収集・分析・活用による業務の効率化／高度化

　自社の業務システムやIoT、AIなどの活用によって「事業に必要かつ有効な情報・データ」を迅速・的確に収集／分析できるようになり、こうした情報・データを有効に活用して、企画・開発や生産／販売・サービス提供を効率的・効果的に行うことが可能となる。

　以下、ICT化・デジタライゼーションの進展について、もう少しみていくことにします。

図表1−28 イノベーション／ICT化等の進展（イメージ）

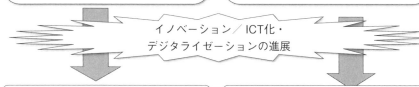

・既往製品・サービスの機能／性能
／効用、品質／供給／価格

・現行の経営管理体制・方法
・現行の設備・ナレッジ
・現行の事業体制・方法

イノベーション／ICT化・
デジタライゼーションの進展

・製品・サービスの機能／性能／効用
の向上（レベル／独自性／多様性／
拡張性／持続性／将来性）
・製品・サービスの品質の向上（レベ
ル／均質性／安定性）
・製品・サービスの供給力の向上（多
品種／単品・小ロット／多頻度／短
納期／安定供給）
・製品・サービスの価格／コスト／価
格弾力性の低下

・経営管理体制・方法の強化／改善
・設備・ナレッジの増強
・社員のスキルアップ
・自動化・省力化・省エネ化・燃費向
上
・生産体制・方法の強化／改善
・販売・サービス提供体制・方法の強
化／改善
・新規取引先・連携先の構築、既往取
引先・連携先の強化／改善

事業の採算性／効率性の向上

図表1−29 わが国における情報通信機器の世帯保有率の推移

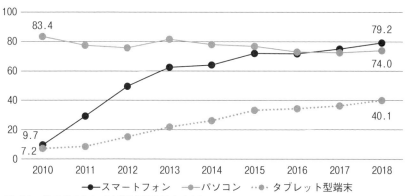

（出典） 総務省「令和元年版情報通信白書」(https://www.soumu.go.jp/johotsusintokei/whitepa
per/ja/r01/pdf/n3200000.pdf) licensed under CC BY 4.0

図表1−29は、わが国における情報通信端末の保有状況を示したものですが、2018年時点でスマートフォンについては79％、パソコンについては74％の世帯が保有している状況で、特にスマートフォンは、この10年の間に急速に普及してきたことがわかります。

　筆者はガラケーの愛用者ですが、個人用のパソコンを2台所有しており、毎日のようにインターネットを利用しています。こうした変わり者も含め、上記のスマートフォンやタブレット端末の普及率を踏まえると、おそらくほとんどの人々がインターネットを利用していると考えられます。

　インターネットには様々な活用法がありますが、大雑把に括ると「情報の収集・発信」と「コミュニケーション」に大別されると考えます。

　インターネットが存在しない20世紀以前における「情報の発信」は、主にテレビ・新聞といったマスメディアを通じて行われました。そこには、情報の発信者と受信者の間の「コミュニケーション」は基本的に存在せず、「一方通行の情報発信・受信（収集）」という形がとられました。

　情報は不特定多数向けに発信されるため、個々の受け手のニーズに必ずしも適合しませんでした。また、受け手側から情報を収集する場合には、手当たり次第文献などをひっくり返して探索しなければならず、かなりの労力と時間を要しました。

　さらに、「コミュニケーション」の相手は取引先や友人など顔見知りに限定されるため、口コミなど不特定多数の需要者の「生の情報」を的確に収集することは、容易ではありませんでした。当然、顔を知らない需要者とストレスなく円滑にコミュニケーションを行うすべは全くありませんでした。

　ところが、インターネットが出現し、全世界に普及してくると、「情報の発信・収集」と「コミュニケーション」上の問題が一気に解消され、特定の需要者のニーズ情報や顧客データを迅速・的確に把握したり、ビジネスに結び付けたりすることができるようになりました。

　その結果、インターネット上で通信されるデータのトラフィックは、全世界で月間200エクサバイト（1エクサバイト＝1兆メガバイト）にのぼると推計され（2019年）、増加の一途をたどっています（図表1−30）。

　また、ICTの高度化によりIoT・AIなどが実用化され、インターネットを通じて大量のデータを迅速に収集・分析し、高度な業務に活用できるようになってき

図表1－30　世界の月間トラフィックの推移・予測（Cisco VNI）

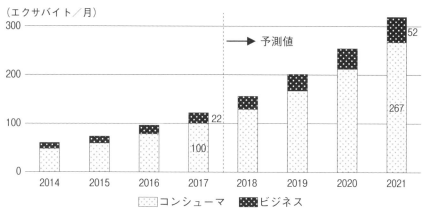

（出典）　総務省「令和元年版情報通信白書」（https://www.soumu.go.jp/johotsusintokei/whitepaper/ja/r01/pdf/n3200000.pdf）licensed under CC BY 4.0

図表1－31　IoT・AI等の導入状況／目的／効果

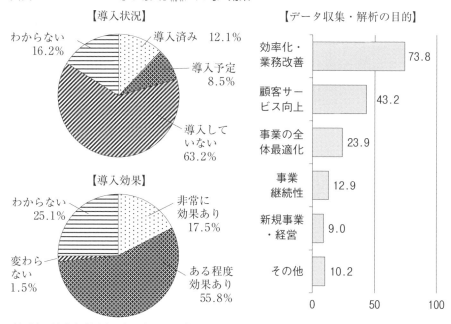

（出典）　総務省「平成30年通信利用動向調査」に基づき筆者が作成

ています。

　現状、広範に利用されているとはいえませんが、「効率化・業務改善」「顧客サービス向上」などを目的に20％程度の企業がIoT・AIなどを「導入済」「導入予定」で、導入した企業の73％が「効果あり」としています（図表1－31）。

　このようなインターネットの普及・利用拡大とICTの高度化を背景に、プラットフォーマーと呼ばれるGAFA（Google、Amazon、Facebook、Apple）が売上を伸ばしています（図表1－32）。特に電子商取引をメインとするAmazonや運営サイトに掲載される広告の収入が大半を占めるGoogle・Facebookは大幅に売上を拡大しており、流通業・情報サービス業におけるプラットフォーマーの存在感が急速に高まっていることが窺われます。

② 　供給構造の変化　～バリューチェーンの再構築～

　さらに、プラットフォーマーの台頭に伴うバリューチェーン（付加価値を生み出す業務プロセスのつながり）の変革について考えてみたいと思います。

　図表1－33にイメージを示しましたが、従前、「企画・設計・開発」「生産」「販売・物流」の各プロセスを担うサプライヤーがそれぞれのビジネスを実施することにより付加価値を生み出してきました。

　ところが、インターネットの普及・利用拡大に伴い、特定多数のユーザーとの接点が生まれ、当該ユーザーのニーズ情報や顧客データを収集・分析してビジネスに有効活用できるようになると、こうした「接点」や「情報・データ」を掌握したサプライヤーが付加価値の源泉を獲得するようになります。そして、幅広い業務プロセスを担うようになったり、逆に特定の業務プロセスに特化するようになったりして、従前のバリューチェーンが変革され、市場全体としてバリューチェーンが再構築されることになります。

　例えば、従前、冷凍食品を製造しスーパーに卸していた食品メーカーが、インターネットを活用したオンライン販売に転換し、直接消費者に販売するようになったケースを考えてみましょう。

　このケースでは、販売先がスーパーから個人消費者に代わることになり、売上の安定性という意味ではマイナスになりますが、粗利益率の向上に加え、消費者の「生の声」を聞くことができ、それを製品の企画や生産に効率的・効果的に反映できることから、採算性・効率性の向上が期待できます。

図表1－32　GAFAの売上高推移（2015～2019年）と事業別内訳（2018年推計）

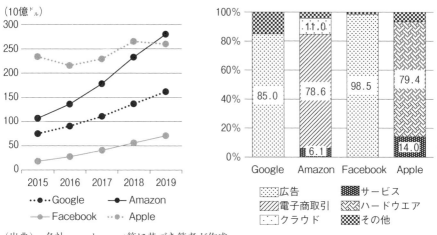

（出典）　各社annual report等に基づき筆者が作成

図表1－33　データ活用の進展に伴うバリューチェーンの再構築（イメージ）

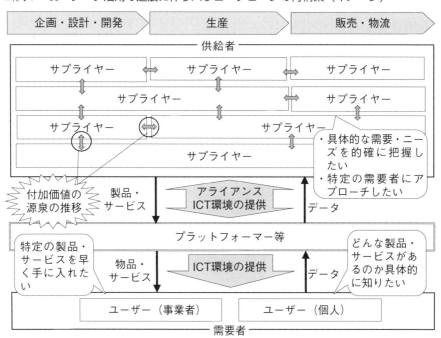

こうした業態転換により、この企業のバリューチェーンは「企画・設計・開発＋生産」から「企画・設計・開発＋生産＋販売・物流」へと変革されることになります。

③　アライアンスの推進

さて、先程、「今後、需要・ニーズの小規模・細分化／多様化、高度化が進展する」という話をしました。こうした需要・ニーズの変化は、供給の構造的変化をもたらします。

具体的には、需要・ニーズの小規模・細分化／多様化に伴い、少品種大量生産・販売が不適合となり、製品・サービスの小口化や多品種・小ロット・多頻度供給への対応がこれまで以上に要求されるようになります。また、需要・ニーズの高度化に伴い、製品・サービスの独自化／多様化、個別・即時納品／安定供給に対する要求が強まり、供給の専門化が進むと考えられます（図表1−34）。

このように、供給の個別化／専門化への要求が強まると、自社だけでは対応できず、企画・設計・開発／生産／販売・物流において自社よりも効率的・効果的な対応が可能なアウトソーサーとアライアンスを締結し、「選択と集中」を徹底して、各社の「強さの源泉」を結集することが重要になってきます。

こうしたアライアンスの強化・推進により、「新たな製品・サービス／技術・ナレッジの開発」「新たな事業展開に必要な設備・人材の確保」「新たな事業の実施」が円滑に進められ、需要者の高度な要求に応えることができるようになると考えます（図表1−35）。

④　サプライチェーンの再構築／ファイブフォースの激変

これまで述べてきたように、今後、イノベーション／ICT化・デジタライゼーションが急速に進展し、バリューチェーンの再構築が進むと予想され、こうした動きに伴ってサプライチェーンが大きく変化すると考えられます。

具体的には、「設計・開発」「原材料仕入」「生産」「販売・物流」の各プロセスにおいて、以下のような変化が今後強まるものと推察されます（図表1−36）。
・内製化を推進して、収益性・将来性の高いプロセスを取り込む。
・アウトソーシングの活用を推進して、不採算プロセスを外出しする。
・新規参入・代替品の出現により、プロセスの実施主体が置き換わる。

図表 1 −34 供給の個別化／専門化（イメージ）

需要・ニーズの小規模・細分化／多様化

供給の個別化
・製品・サービスの小口化
・供給の多品種／単品・小ロット／多頻度化

需要・ニーズの高度化

供給の専門化
・製品・サービスの機能・性能の独自化／多様化
・供給の短納期化、安定供給化

図表 1 −35 アライアンスの推進（イメージ）

市場／需要・ニーズの変化
・需要者の変化
・市場のグローバル化／ローカル化、小規模・細分化
・需要・ニーズの多様化／高度化

供給の個別化／専門化の進展

有力なアウトソーサーの出現
・研究開発型企業／機関
・生産・販売受託企業
・人材開発専門企業　　　等

個別企業

【To Do】
・新たな事業展開
・事業展開を実現するための態勢整備

【As Is】
・内部資源の現状
・外部資源活用の妥当性・実現可能性

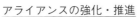

アライアンスの強化・推進
・新たな製品・サービス／技術・ナレッジの開発
・新たな事業展開に必要な設備・人材の確保
・新たな事業の実施

・同業者との競合激化により、プロセス内のシェアが変動する。

　また、ファイブフォースとの関係（同業者との競合／新規先の参入／代替品の参入／売り手との力関係／買い手との力関係）が大きく変動することにより、以下の事態に陥ることも予想されます（図表1－37）。

・市場の成熟化／製品・サービスの競争力低下によって同業者との競合が激化し、既往市場におけるシェアの減少を余儀なくされる。

・新規参入／代替品参入の増加により、既往事業の縮小や既往事業からの撤退を迫られる。

・仕入・外注先／販売先の内製化推進などにより、既往事業の縮小や既往事業からの撤退を強いられる。

　このようなサプライチェーンの再構築／ファイブフォースの変化についても、今後、事業展開・態勢整備を進めるうえで「機会」にも「脅威」にもなり得ます。企業経営者としては、市場・需要者や供給者の構造的な変化を的確に把握し、今後に活かさなければなりません。

図表1-36 サプライチェーンの再構築（イメージ）

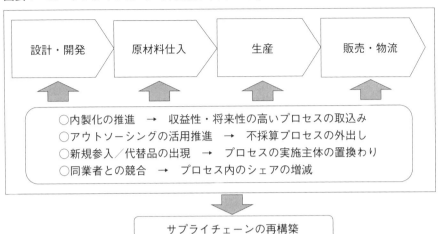

図表1-37 ファイブフォースの激変（イメージ）

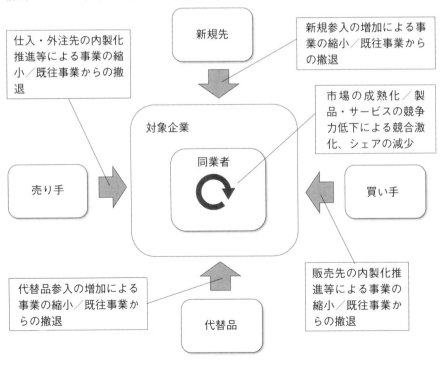

3 脆弱な中小企業の財務基盤

（1） 収支構造

> ・資本金規模別に最近10年間の損益分岐点／安全余裕率／社員１人当たり付加価値額の推移をみると、大企業／中小・中堅企業／中小・小規模事業者の間の格差は拡大しており、中小企業の収益状況の脆弱さは解消されていない。

① 損益分岐点

　法人企業統計調査に基づき、最近10年間の損益分岐点（注）の推移をみると、資本金規模によって動向に差異があることがわかります（図表１－38）。

注　売上高と費用が一致する（収支トントンになる）ときの売上高の水準を示す指標

　　損益分岐点＝固定費÷（１－売上高変動費率）

　　変動費＝売上高－付加価値額

　　付加価値額＝営業利益＋役員給与・賞与＋従業員給与・賞与＋福利厚生費＋動産・不動産賃借料＋租税公課＋減価償却費

　　固定費＝付加価値額－経常利益

　すなわち、大企業（資本金10億円以上）及び中小・小規模事業者（資本金１億円未満）においては10～20％程度下がっているのに対し、中小・中堅企業（資本金１億円以上10億円未満）では、30％近く上昇しています。

　なぜ、こうした差異が生じたのでしょうか。その要因を探るため、損益分岐点を「売上高変動費率」と「固定費」に分解して、みてみたいと思います。

　まず、売上高変動費率をみると、資本金規模によって水準に差異がありますが、中小・小規模事業者と大企業は３％程度の若干ダウン、中小・中堅企業はほぼ横ばいで推移しており、大きな差異は認められません（図表１－39）。

　他方、１社当たり固定費については、中小・小規模事業者／大企業がいずれも２％程度減少しているのに対し、中小・中堅企業は特に2013年度以降急増し、

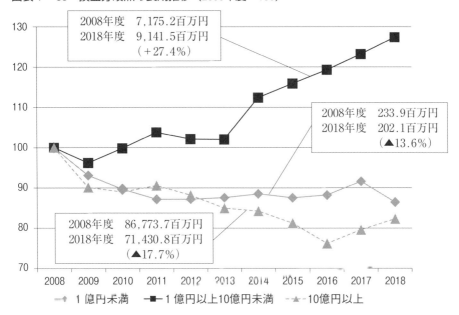

図表 1 −38　損益分岐点の長期推移（2008年度＝100）

2008年度　7,175.2百万円
2018年度　9,141.5百万円
（＋27.4%）

2008年度　233.9百万円
2018年度　202.1百万円
（▲13.6%）

2008年度　86,773.7百万円
2018年度　71,430.8百万円
（▲17.7%）

1億円未満　　　1億円以上10億円未満　　　10億円以上

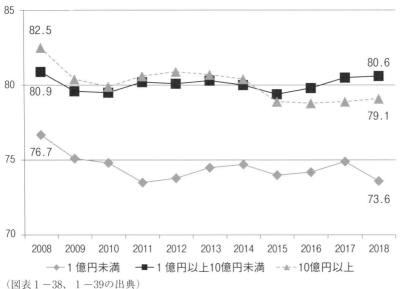

図表 1 −39　売上高変動費率の長期推移（%）

1億円未満　　　1億円以上10億円未満　　　10億円以上

（図表 1 −38、 1 −39の出典）
　財務省「法人企業統計調査」に基づき筆者が作成

2018年度の固定費が2008年度に比べて30％近く増加しており、資本金規模によって固定費の動きに大きな差異があることが窺われます（図表1−40）。

　これら2つの要素の動きを総合すると、最近10年間における企業経営は、以下のように進められ、その結果、損益分岐点の動きに差異が生じたと考えられます。

・中小・小規模事業者／大企業：主として「合理化・効率化」が進められ、コストダウンが図られた結果、損益分岐点が下がった。

・中小・中堅企業：主として「事業拡大」が進められ、固定費が増加した結果、損益分岐点が上昇した。

② 安全余裕率

　「実際の売上高が損益分岐点をどれだけ上回っているか」を示す「安全余裕率（＝（売上高−損益分岐点）÷売上高)」という指標があります。

　先程、「中小・小規模事業者や大企業の損益分岐点が下がっているのに対し、中小・中堅企業の損益分岐点は30％近く上昇している」と申し上げましたが、最近10年間における各層の実際の売上高は、以下のとおり推移しています（図表1−41）。

・中小・小規模事業者：リーマンショック以降低迷が続き、2018年度の売上高は2008年度に比べて7％減少している。

・中小・中堅企業：リーマンショック時に一時的に減少したが、その後増加に転じ、特に2013年度以降、順調に拡大して、2018年度の売上高は2008年度対比46％増加している。

・大企業：リーマンショック時に一時的に落ち込んだが、その後回復し、2016年度以降増加に転じて、2018年度の売上高は10年前に比べ10％増加している。

　その結果、安全余裕率は以下のとおりになっています（図表1−42）。

・中小・小規模事業者：売上高は低迷を余儀なくされたものの、コストダウンの推進により損益分岐点が低下し、2018年度の安全余裕率は、2008年度に比べ6.6ポイント上昇して13.0％となっている。

・中小・中堅企業：事業拡大を進め、固定費が増加したことから、損益分岐点は上昇したが、それを上回る売上拡大があり、2018年度の安全余裕率は、2008年

図表1−40　1社当たり固定費の長期推移（2008年度＝100）

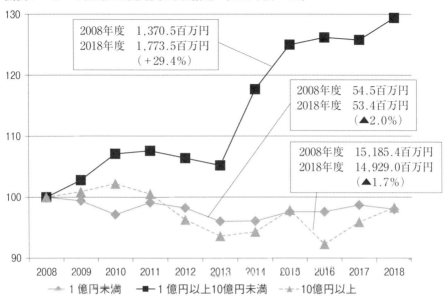

図表1−41　1社当たり売上高の長期推移（2008年度＝100）

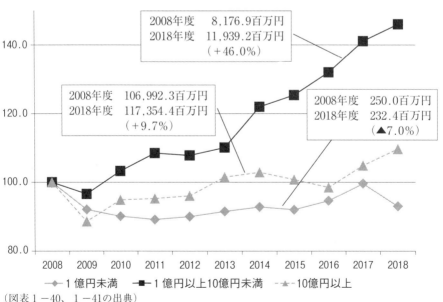

（図表1−40、1−41の出典）
　財務省「法人企業統計調査」に基づき筆者が作成

度に比べて11.2ポイント上昇して23.4％となっている。

・大企業：合理化・効率化を推進しつつ、事業拡大を進めたことから、2018年度の安全余裕率は、2008年度に比べて20.2ポイント上昇して39.1％となっている。

　このように、いずれの企業層においても安全余裕率は向上していますが、中小・小規模事業者／中小・中堅企業の安全余裕率が低水準にとどまっていることがわかります。大雑把にいうと、外部環境の悪化などにより、売上高が20〜30％減少すると、平均的な中小企業は赤字に転落することになり、「中小企業の収益基盤は脆弱である」といわざるを得ません。

　また、最近10年間における安全余裕率の上昇幅に大きな開きがあり、大企業と中小・小規模事業者／中小・中堅企業との格差が広がっていることも窺われます。

③　社員１人当たり付加価値額

　付加価値生産性を示す指標として、「社員１人当たり付加価値額」があります。最近10年間の社員１人当たり付加価値額の推移を資本金規模別にみると、大企業が14％増加しているのに対し、中小・中堅企業は９％、中小・小規模事業者は６％の増加にとどまっています（図表１−43）。

　社員１人当たり付加価値額は、「社員１人当たり売上高×売上高付加価値額比率」と分解されるので、それぞれの動向から、資本金規模別の差異が生じた要因を探ってみましょう。

　まず、最近10年間の社員１人当たり売上高の推移をみてみると、中小・中堅企業が７％増加しているのに対し、大企業は４％、中小・小規模事業者は７％減少しています（図表１−44）。

　他方、売上高付加価値額比率の推移をみると、中小・中堅企業が0.3ポイントの上昇にとどまっているのに対し、大企業は3.4ポイント、中小・小規模事業者は3.1ポイント上昇しています（図表１−45）。

　以上、両指標を総合すると、以下のように評価され、特に中小・小規模事業者においては、効率性の低下によって付加価値生産性が低迷していると考えられます。

図表1-42　安全余裕率の長期推移（%）

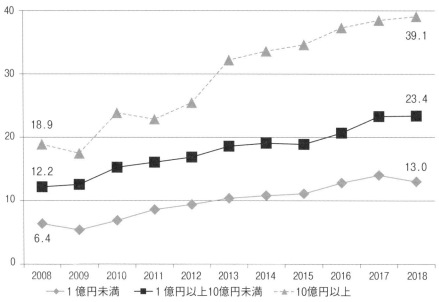

図表1-43　1人当たり付加価値額の長期推移（2008年度＝100）

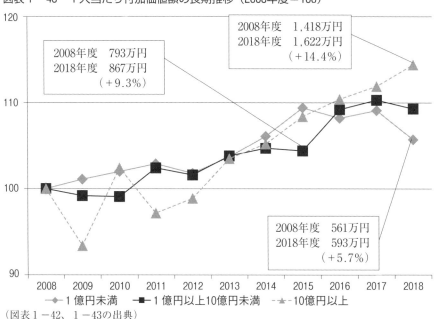

（図表1-42、1-43の出典）
　財務省「法人企業統計調査」に基づき筆者が作成

・中小・小規模事業者：採算性（売上高付加価値額比率）が向上した反面、効率性（社員1人当たり売上高）が落ち込み、付加価値生産性が低迷を余儀なくされている。

・中小・中堅企業：採算性の向上はみられないが、事業拡大を背景に効率性が向上し、付加価値生産性が相応にアップしている。

・大企業：効率性は低迷しているものの、製品・サービスの拡充などにより採算性が向上し、低水準ながら、中小・小規模事業者／中小・中堅企業に比べて付加価値生産性が高まっている。

　最近10年間において、各企業が事業拡大や合理化・効率化に取り組み、付加価値生産性の向上が相応に図られてきましたが、大企業／中小・中堅企業／中小・小規模事業者の間の格差は拡大し、中小企業の収益状況の脆弱さは解消されているとはいえません。

　外部環境の大きな変化が予想される中、特に中小・小規模事業者においては、機会の獲得／脅威の回避を着実に進め、付加価値生産性の向上を図っていくことが必要であるといえます。

　今般の新型コロナウイルス禍で、規模の大小を問わずほとんどの企業が急激な売上の落ち込みを余儀なくされていますが、今後も3密防止などのため効率性が低下し、現行の事業態勢（事業の実施体制・方法）では、付加価値生産性の回復・向上が期待できないと憂慮されます。

　そうした中にあって、付加価値生産性の向上を図っていくためには、新たな需要の開拓や既往顧客のニーズの掘り起しを進めるとともに、以下の取組みによって採算性・効率性の向上を図ることが不可欠であると考えます。

・採算性の向上：製品・サービスの開発・拡充など
・効率性の向上：設備の増強、事業態勢・ビジネスモデルの改革・再構築など

図表 1 － 44　1 人当たり売上高の長期推移（2008年度＝100）

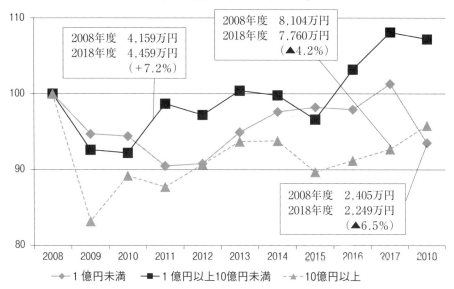

2008年度　4,159万円
2018年度　4,459万円
　　　　　（＋7.2％）

2008年度　8,104万円
2018年度　7,760万円
　　　　　（▲4.2％）

2008年度　2,405万円
2018年度　2,249万円
　　　　　（▲6.5％）

---◆---1 億円未満　　━■━1 億円以上10億円未満　　--▲--10億円以上

図表 1 － 45　売上高付加価値額比率の長期推移（％）

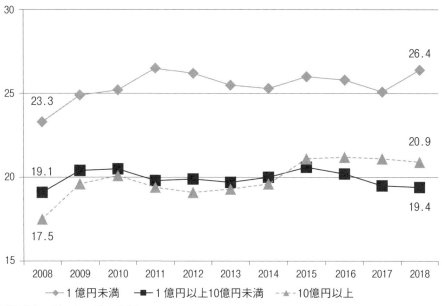

26.4
23.3
20.9
19.1
17.5
19.4

---◆---1 億円未満　　━■━1 億円以上10億円未満　　--▲--10億円以上

（図表 1 － 44、1 － 45の出典）
　財務省「法人企業統計調査」に基づき筆者が作成

(2) 財政状態

> ・資本金規模別に最近10年間の自己資本比率／借入金依存度／債務償還年数
> をみると、中小・中堅企業では収益向上により自己資本比率／借入金依存
> 度が改善されているが、中小・小規模事業者においては依然として低収益
> を余儀なくされ、財政状態は脆弱である。

① 自己資本比率

次に、資本金規模別に財政状態をみてみましょう。

最近10年間の「自己資本比率（＝自己資本÷使用総資本）」の推移をみると、中小・小規模事業者が11.0ポイント、中小・中堅企業が9.1ポイント、大企業が4.7ポイントそれぞれ上昇しており、中小企業において、より改善していることが窺われます（図表1－46）。

しかしながら、2018年度における自己資本比率は、中小・中堅企業が42％、中小・小規模事業者が37％と、大企業（46％）に比べてまだ低い水準にあります。

② 借入金依存度

また、資本金規模別に最近10年間の「借入金依存度（＝長期・短期借入金÷使用総資本）」の推移をみると、中小・小規模事業者が7.9ポイント、中小・中堅企業が10.2ポイント、大企業が2.5ポイントそれぞれ低下しており、自己資本比率同様、中小企業における改善が顕著に見受けられます（図表1－47）。

ただ、2018年度の借入金依存度は、中小・中堅企業が20％となり、大企業を下回ったのに対し、中小・小規模事業者は38％と依然高い水準にあり、大企業／中小・中堅企業に比べて有利子負債が多く、財政状態の健全性が低いことが窺われます。

③ 債務償還年数

さらに、「債務償還年数（＝短期・長期借入金÷年間キャッシュフロー（注））」についてみてみましょう。

注 年間キャッシュフロー＝経常利益×1/2＋減価償却費

図表 1 −46 自己資本比率の長期推移（％）

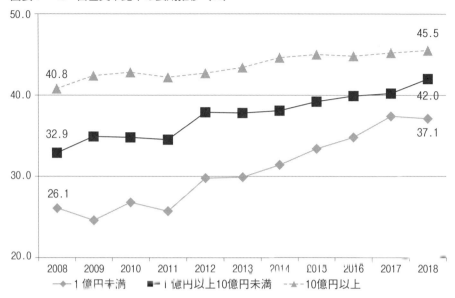

図表 1 −47 借入金依存度の長期推移（％）

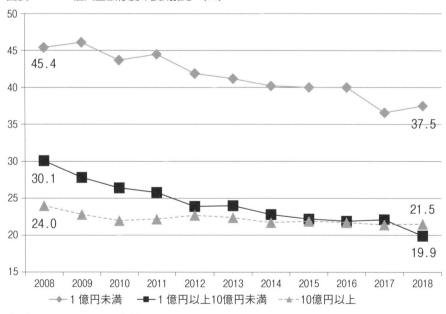

（図表 1 −46、1 −47の出典）
　財務省「法人企業統計調査」に基づき筆者が作成

最近10年間における債務償還年数の推移を資本金規模別にみると、大企業が1.1年の短縮にとどまる一方、中小・中堅企業が2.2年、中小・小規模事業者が3.1年短縮しており、中小企業において、より改善が進んでいることが窺われます（図表1－48）。

　しかしながら、2018年度の債務償還年数は、大企業／中小・中堅企業が4～5年程度であるのに対し、中小・小規模事業者は9.7年となっており、依然として、完済まで長期を要する状況を余儀なくされています。おそらく、多くの中小・小規模事業者が「キャッシュフローだけでは借入金を返済できず、既往借入金の返済に充当するための資金を新たに借り入れたり、返済条件の緩和を受けたりしているのではないか」と想像されます。

　以上、自己資本比率／借入金依存度／債務償還年数の推移をみてきましたが、これらを総合すると、以下のとおり評価することができます。
・大企業：さらなる改善はみられないが、健全な財政状態を維持している。
・中小・中堅企業：事業拡大に伴い新規借入を行ってきたが、収益を向上させることによって内部留保の蓄積／借入金の返済を進め、自己資本比率／借入金依存度が改善してきている。
・中小・小規模事業者：合理化・効率化によりコストダウンや使用総資本の圧縮に努め、自己資本比率／借入金依存度が改善されてきたが、依然として低収益を余儀なくされ、財政状態は脆弱である。

　前項でも触れましたが、今後、外部環境が大きく変化し、事業展開や事業態勢のあり方を再検討する必要性が高まってくるとみられます。特に中小・小規模事業者においては、合理化による縮小均衡だけではなく、改革を積極的に進め、機会の獲得／脅威の回避に取り組んでいくことが肝要と考えます。

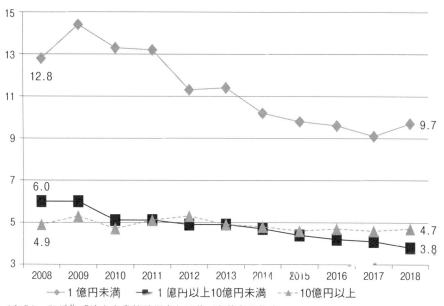

図表 1－48　債務償還年数の推移（年）

凡例: ◆ 1 億円未満　■ 1 億円以上10億円未満　▲ 10億円以上

（出典）　財務省「法人企業統計調査」に基づき筆者が作成

事業継続力を
高めるためには

事業継続力とは

> ・事業継続力とは「いかなる環境下にあっても、リスクを回避し、危機を乗り越え、将来にわたって事業を維持・発展させることができる力」で、強化には、事業の「持続性」「付加価値生産性」の向上が必要である。
> ・事業の「持続性」を高めるためには「当面の安全性」「中長期の柔軟性」「将来の成長性」の向上が、事業の「付加価値生産性」を高めるためには「採算性」「効率性」の向上が、それぞれ必要である。

① 事業継続力の定義

　一定の事業基盤が備わっていれば、平時において事業を継続することは、さほど難しくないでしょう。

　ところが、危機が発生し円滑な事業運営が阻害されると、その危機を乗り越え、危機後の新たな環境に適切に対応していかなければ、事業継続は覚束なくなります。また、危機時の対応や事後の環境適応を円滑に行うためには、事前に社内の態勢を整備し、社員一人ひとりが、うろたえることなく個々のミッションを遂行していかなければなりません。

　今般の新型コロナウイルス禍においては、業種・業態を問わず国内外のすべての企業が甚大な影響を受けましたが、当面の危機を乗り越えた後も「新常態」への適応が求められます。さらに、今後は感染症に限らずいかなる危機が発生しても、冷静沈着に対応していかなければなりません。

　本著では、こうしたことを踏まえ、事業継続力を「いかなる環境下にあっても、リスクを回避し、危機を乗り越え、将来にわたって事業を維持・発展させることができる力」と定義します（図表２−１）

　上記の事業継続力を具備するためには、将来にわたって事業を継続・発展させることができる事業基盤・態勢を構築し、いかなる環境下でも効率的・効果的に付加価値を創出できるようにする必要があります。

図表2－1　事業継続力とは

事業継続力

・いかなる環境下にあっても、リスクを回避し、危機を乗り越え、将来
　にわたって事業を継続・発展させることができる力

・事業継続力を高めていくためには、事業の「持続性」「付加価値生産性」
　を向上させることが必要

事業の「持続性」とは
　事業基盤／財務基盤の強化・再構築
　により、リスクの回避／危機の克服
　／将来にわたる事業の継続・発展が
　実現される確からしさ

事業の「持続性」を向上させるために
は
○当面の「持続性」を向上させるため
　には、事業の「安全性」を高めるこ
　とが必要
○中長期の「持続性」を向上させるた
　めには、事業の「柔軟性」を高める
　ことが必要
○将来の「持続性」を向上させるため
　には、事業の「成長性」を高めるこ
　とが必要

事業の「付加価値生産性」とは
　新たな事業展開／態勢整備の推進に
　よって収益力を高め、リスクの回避
　／危機の克服／将来にわたる事業の
　継続・発展が実現される確からしさ

事業の「付加価値生産性」を向上させ
るためには
○事業の高度化により「付加価値生産
　性」を高めるためには、事業の「採
　算性」の向上が必要
○事業の適正化により「付加価値生産
　性」を高めるためには、事業の「効
　率性」の維持・向上が必要

それゆえ、事業継続力を高めていくには、事業の「持続性」と「付加価値生産性」の向上が不可欠であるといえます。

②　事業の「持続性」とは

　事業の「持続性」は、「事業基盤／財務基盤の強化・再構築により、リスクの回避／危機の克服／将来にわたる事業の継続・発展が実現される確からしさ」と定義されます。

　事業の「持続性」を向上させるためには、時間軸を意識しながら計画的に事業態勢（事業の実施体制・方法）の整備・強化を進め、「当面の安全性」「中長期の柔軟性」「将来の成長性」を高めることが必要になります（図表2－2）。

1)　事業の安全性

　事業基盤や財政基盤の強化によって事業の安全性を高め、当面の事業継続を確保するためには、「特定の事業／取引先／国・地域への依存度の引き下げ」「セキュリティ／ガバナンス／危機対応／リスク管理の強化」「自己資本の充実／資金繰りの円滑化」に取り組むことが肝要です。

2)　事業の柔軟性

　外部環境・内部環境の変化に対する適応力を高め、事業の柔軟性を向上させて、中長期の事業継続を確保するためには、「柔軟な働き方の実現」「設備の適正化」「内製／外注の適正化」に取り組むことが有効です。

3)　事業の成長性

　事業の成長性を高め、将来の事業継続・発展を確保するためには、「ライフサイクルの若返り／競合の回避」「ビジネスモデル／アライアンスの強化・再構築」「有用な技術・ナレッジの強化」に取り組むことが有効です。

③　事業の「付加価値生産性」とは

　事業の「付加価値生産性」は、「新たな事業展開／態勢整備の推進によって収益力を高め、リスクの回避／危機の克服／将来にわたる事業の継続・発展が実現される確からしさ」と定義されます。

　事業の「付加価値生産性」を高めるためには、事業の高度化・適正化により「採算性」「効率性」をそれぞれ向上させることが必要です（図表2－2）。

図表2-2　事業の「持続性」「付加価値生産性」を向上させる取組み

	定義	主な課題
安全性	事業基盤や財務基盤の強化により、当面の事業継続が確保される確からしさ	○特定事業・取引先・国・地域への依存度の引き下げ ・新事業の構築／既往事業の見直し ・新たな販売先の構築／既往販売先の見直し ・事業所展開／サプライチェーンの再構築 ○セキュリティ／ガバナンス／危機対応／リスク管理の強化 ・事業所／設備のセキュリティ強化 ・システム／情報・データのセキュリティ強化 ・ガバナンスの強化／コンプライアンスの徹底 ○自己資本の充実／資金繰りの円滑化 ・増資／劣後ローン等の導入 ・遊休資産の売却等 ・手元流動性の向上 ・回収条件／支払条件の見直し ・返済負担の軽減
柔軟性	事業基盤の改善・再構築により環境変化への適応力を高め、中長期の事業継続が確保される確からしさ	○柔軟な働き方の実現 ・業務運営／労務管理態勢の見直し ・テレワーク／リモートワークの導入・定着等 ・裁量労働制等の適用 ○設備の適正化 ・設備数・配置／稼働水準の適正化 ・余剰設備の処分 ○内製／外注の適正化 ・内製業務の設定／内製・外注の見直し ・仕入・外注先の新規構築／見直し ・外部リソースの活用
成長性	事業基盤の改善・再構築により事業の発展性を高め、将来の事業継続が確保される確からしさ	○ライフサイクルの若返り／競合の回避 ・成長市場の開拓／新たな収益事業の構築 ・成熟・衰退事業の改革・改善／縮小・撤退 ○ビジネスモデル／アライアンスの強化・再構築 ・「強み」の強化 ・「弱み」の克服 ○有用な技術・ナレッジの強化 ・研究開発の推進 ・技術・ナレッジの可視化・組織化の推進 ・情報・データの収集／分析／活用の強化
採算性	事業の高度化により、将来にわたる事業の継続・発展が実現される確からしさ	○製品・サービスの拡充などによる売上単価の引き上げ ・製品・サービスの開発／拡充 ・営業・販売方法の見直し ○変動費の削減 ・原価管理の強化 ・仕入・外注方法の見直し
効率性	事業の適正化により、将来にわたる事業の継続・発展が実現される確からしさ	○事業態勢の強化・再構築による売上数量の増加 ・リードタイムの短縮 ・要員確保・活用強化 ・社員のスキルアップ／モチベーションアップ ・設備の強化／見直し ・事業体制・方法の強化／見直し ○固定費の削減 ・合理化・効率化の推進 ・給与体系・水準の見直し ・設備関係費用等の適正化

1) 事業の採算性

採算性を高めるためには、「製品・サービスの拡充などによる売上単価の引き上げ」「変動費の削減」を推進し、事業の高度化を図る必要があります。

2) 事業の効率性

効率性の向上には、「事業態勢の強化・再構築による売上数量の増加」「固定費の削減」を推進し、事業の適正化を図ることが肝要です。

④ 事業の「持続性」と「付加価値生産性」の相乗的向上

「持続性」と「付加価値生産性」の関係についてみてみましょう。

図表2−3は、一般的な「老舗企業」と「ベンチャー企業」における「持続性」のイメージを表わしたものです。

いわゆる老舗企業は、業歴が長く過去の蓄積があるため、高い安全性が認められますが、過去の成功体験にとらわれ、柔軟性や成長性が乏しいケースが少なくありません。他方、ベンチャー企業は、柔軟性を備え高い成長性が認められる反面、安全性が乏しく、足下の事業継続が不安視されるケースがしばしば見受けられます。

このように、企業によってまちまちですが、企業経営者は、いかなる環境下でも事業継続ができるよう、事業態勢の強化を図り、将来に向けて安全性・柔軟性・成長性を高めていかなければなりません。

「ニワトリが先か、卵が先か」の議論になりますが、事業の持続性を高めるためには、まず、現行事業の採算性・効率性を向上させ、事業基盤を強化して、当面の安全性を確保することが必要です。

そのうえで、将来に向けて事業の柔軟性・成長性を高めるため、事業態勢の強化・再構築を推進し、新たな事業展開を進めていく素地を作ります。

そして、新たな事業展開／態勢整備を進めていくことにより、事業の採算性・効率性がさらに向上し、事業基盤のさらなる強化につながっていきます。

このように、事業展開と態勢整備をスパイラル的に進めることにより、「持続性」と「付加価値生産性」の双方が相乗的に向上していくと考えます。

図表 2 - 3 事業継続力向上のイメージ

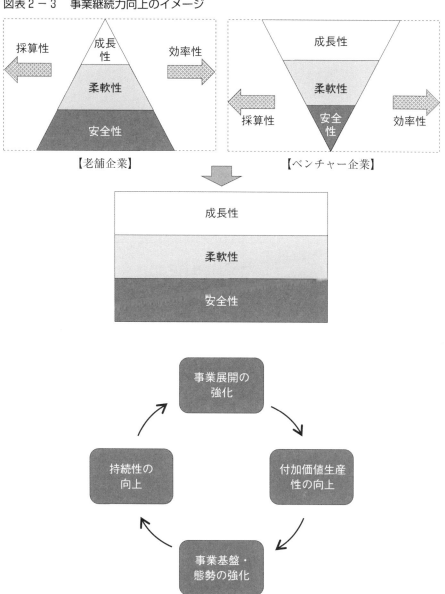

2 劣化する内部環境

(1) 経営体制

> ・中小企業においては、次代を担う優秀な後継者が不在で、事業承継が事業継続上のネックになっている企業が少なくないと危惧される。
> ・「ワンマン型経営」を改め、カリスマ社長のスキルと経験に依存しない「組織的な経営管理」を実現する必要がある。

① 経営者／後継者

　図表2−4をみると、中小企業においては「人材の確保・育成」「販売・受注先の開拓」「新商品・サービスの開発・販売」「新たな事業分野への進出」といった難しい経営課題を抱えていることがわかります。

　こうした経営課題に着実に取り組み、成果をあげるためには、強固な事業・経営態勢を築き、経営者の強力なリーダーシップのもと、全社員が一丸となって改革・改善を進めていかなければなりません。

　しかしながら、わが国の社長の過半は60歳以上（平均年齢59.9歳）であり、経営者の高齢化が顕著になっています（図表2−5）。

　今年、「アラカン（around還暦）」を迎える筆者も、30〜40代の時と比べて体力・集中力とも減退は否めず、近頃は退職後のことや後進の育成を強く意識していますが、多くの経営者が「自分がいなくなったら、この会社はどうなるだろうか」と悩み、優れた後継者への事業承継を真剣に考えていると想像されます。

　ただ、少子化や企業経営の難化が進む中、特に中小企業においては後継者が定まらないところも多いと考えられます。

　図表2−6は、事業承継した中小企業経営者と後継者との関係を調査したものですが、「子供への承継」が45％、「子供以外の親族への承継」が10％を占める一方、「親族以外の役員・従業員への承継」「社外への承継」が合計36％となっており、同族以外への事業承継が進んでいることが窺われます。

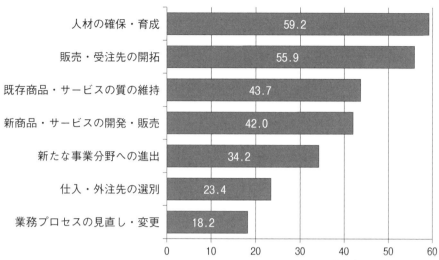

図表2－4　中小企業における経営課題（複数回答）

- 人材の確保・育成　59.2
- 販売・受注先の開拓　55.9
- 既存商品・サービスの質の維持　43.7
- 新商品・サービスの開発・販売　42.0
- 新たな事業分野への進出　34.2
- 仕入・外注先の選別　23.4
- 業務プロセスの見直し・変更　18.2

（出典）　当公庫総合研究所「経営者の事業方針に関するアンケート調査」（2014.7）に基づき筆者が作成

図表2－5　社長の年代構成比（2019年）

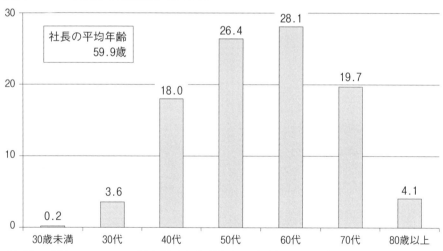

社長の平均年齢
59.9歳

- 30歳未満　0.2
- 30代　3.6
- 40代　18.0
- 50代　26.4
- 60代　28.1
- 70代　19.7
- 80歳以上　4.1

（出典）　帝国データバンク「全国社長年齢分析（2020年）」に基づき筆者が作成

また、「後継者を決定するうえで最も重視した資質・能力」として、30％の経営者が「自社の事業に関する専門知識・実務経験」をあげる一方、「経営に対する意欲・覚悟」（24％）、「社外でのコミュニケーション能力（顧客・取引先からの信頼、人脈）」（９％）、「社内でのコミュニケーション能力（従業員からの信頼、リーダーシップ、統率力など）」（９％）が多くあげられています（図表２－７）。

　すなわち、「自分の子供に事業承継したいが、経営環境が厳しさを増しており、子供以外でもいいから『優れた後継者』に事業を承継する」「後継者には、自社の事業に精通していることに加え、経営に対する高い意欲と能力・手腕をもち、社員や顧客・取引先から信頼され、リーダーシップ・統率力を発揮して事業・経営を牽引することを期待したい」という経営者が相当数存在することが考えられます。

　裏を返せば、「現社長の年齢が60歳を超えているにもかかわらず、次代を担う優秀な後継者が定まらず、事業承継が事業継続上の大きなネックになっている企業が少なくないのでは」と憂慮されます。

②　経営管理体制

　仮に後継者が凡庸であったとしても、これを補佐する優秀な取締役が存在し、強固な経営管理体制が敷かれ、円滑かつ適切に業務執行・監督が行われるということであれば、問題はありません。

　しかしながら、中小企業では、ワンマン社長が業務執行・監督全般を一人で執り仕切っていることが少なくありません。こうした経営態勢は、迅速な意思決定が行われ、環境変化に素早く対応できるというメリットがある反面、社長の暴走を許したり、社長が不在になった瞬間、経営が機能不全に陥ったりするという致命的な欠陥があることが否定できません。

　事業の持続性を堅持するためには、経営者や経営管理体制が健全かつ強固であることが不可欠であるといえます。

　図表２－８に業務執行と監督のイメージを示していますが、先程申し上げたとおり、中小企業の場合、以下のような「ワンマン型経営」がしばしば見受けられます。

・経営管理態勢・経営計画の決定／経営の執行・管理／事業・業務の監督といった「経営・事業の監督」が社長一人によって独断専行されている。

図表2－6　事業承継した経営者と後継者との関係

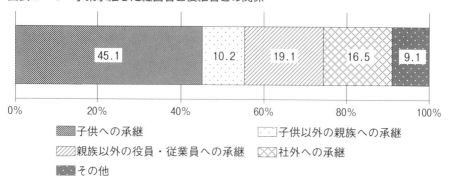

| 45.1 | 10.2 | 19.1 | 16.5 | 9.1 |

0%　　　20%　　　40%　　　60%　　　80%　　　100%

- ▨ 子供への承継
- ▨ 子供以外の親族への承継
- ▨ 親族以外の役員・従業員への承継
- ⊠ 社外への承継
- ▨ その他

図表2－7　後継者を決定するうえで最も重視した資質・能力

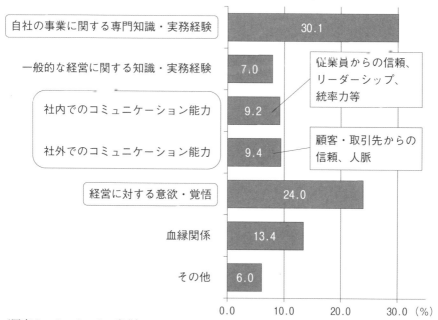

自社の事業に関する専門知識・実務経験	30.1
一般的な経営に関する知識・実務経験	7.0
社内でのコミュニケーション能力（従業員からの信頼、リーダーシップ、統率力等）	9.2
社外でのコミュニケーション能力（顧客・取引先からの信頼、人脈）	9.4
経営に対する意欲・覚悟	24.0
血縁関係	13.4
その他	6.0

0.0　　10.0　　20.0　　30.0（％）

（図表2－6、2－7の出典）
　経済産業省「中小企業・小規模事業者の次世代への承継及び経営者の引退に関する調査」
　（https://www.meti.go.jp/meti_lib/report/H30FY/000273.pdf）に基づき筆者が作成

・事業・業務態勢の決定／事業・業務計画の決定／事業・業務の執行・管理といった「業務執行」が社長一人によって独断専行されている。

・取締役会が形骸化し、経営・事業の監督や業務執行に係る最重要事項の決定が実質的に行われない。

・監査役の業務が形式的になり、経営・事業の監査／社長・取締役会への進言といった業務が疎かになっている。

　しかしながら、今後、外部環境が大きく変化し、先行きの不透明感が強まるとともに、リスクの顕在化／危機の発生の可能性が高まってくると予想され、中小企業に限らず企業経営者は、難しい舵取りを余儀なくされると考えられます。こうした中、「ワンマン型経営」の場合、「カリスマ社長が不在になると、一気に経営が立ち行かなくなるのでは」と危惧されます。

　将来に向けて、こうした態勢を改め、経営陣の中の権限と責任／役割を明確にし、「業務執行と監督の分担」を徹底することにより、カリスマ社長のスキルと経験に依存しない「組織的な経営管理」を実現しなければなりません。

　すなわち、以下の取組みを行うことが、事業継続上不可欠になってくると考えます。

・社長の独断専行を抑止するため、経営管理・事業態勢の決定／経営計画・事業計画の決定といった最重要事項を取締役会で実施する。

・業務の迅速化／社長の負担軽減を図るため、業務態勢の整備／業務計画の策定／業務の執行・管理といった「事業計画に基づく業務執行の権限」を執行役員（COO）に委譲し、社長はCEOとして経営管理・事業態勢の整備／経営計画・事業計画の策定／経営・事業の執行・管理／業務執行の監督といった「経営の監督」に専念する。

・監査役の実効化を図り、経営の健全性を確保する。

図表 2 − 8　業務執行と監督（イメージ）

【ワンマン型】

┌─────────────────────────────────────┐
│　　　　　　　　　【取締役会】　　　　　　　　　│
│　┌───────────────────────────────┐　│
│　│　　　　　　　　【社長】　　　　　　　　│　│
│　│　┌──────────┐　┌────────────┐　│　│
│　│　│　〈監督〉　　　│　│　〈業務執行〉　　│　│　│
│　│　│○経営管理態勢の決定│　│○事業／業務態勢の決定│　│　│
│　│　│○経営計画の決定　│　│○事業／業務計画の決定│　│　│
│　│　│○経営の執行・管理│　│○事業／業務の執行・管理│　│　│
│　│　│○事業／業務の監督│　│　　　　　　　　　│　│　│
│　│　└──────────┘　└────────────┘　│　│
│　└───────────────────────────────┘　│
└─────────────────────────────────────┘

┌ ─ ─ ─ ─ ─ ─ ─ ─ ─ ┐
　【監査役】
│ ○経営・事業の監査 　│
　○社長・取締役会への進言
└ ─ ─ ─ ─ ─ ─ ─ ─ ─ ┘

【業務執行と監督の分担】

┌─────────────────────────────────────┐
│　　　　　　　　　【取締役会】　　　　　　　　　│
│○経営管理／事業態勢の決定　　　　　　　　　　│
│○経営／事業計画の決定　　　　　　　　　　　　│
│　┌──────────────┐　┌──────────┐　│
│　│　　【社長（CEO）】　　　│　│【執行役員（COO）】│　│
│　│　┌────────────┐　│　│　┌────────┐　│　│
│　│　│　〈監督〉　　　　　│　│　│　│〈業務執行〉　│　│　│
│　│　│○経営管理／事業態勢の整備│　│　│○業務態勢の整備│　│　│
│　│　│・コーポレートガバナンス│　│　│○業務計画の策定│　│　│
│　│　│・危機対応／リスク管理│　│　│○業務の執行・管理│　│　│
│　│　│・財務管理　　　　│　│　│　　　　　　　│　│　│
│　│　│・事業運営　　　等│　│　│　　　　　　　│　│　│
│　│　│○経営計画／事業計画の策定│　│　│　　　　　　│　│　│
│　│　│○経営／事業の執行・管理│　│　│　　　　　　│　│　│
│　│　│○業務執行の監督│　│　│　　　　　　　│　│　│
│　│　└────────────┘　│　│　└────────┘　│　│
│　└──────────────┘　└──────────┘　│
└─────────────────────────────────────┘

┌ ─ ─ ─ ─ ─ ─ ─ ─ ─ ┐
　【監査役】
│ ○経営・事業の監査 　│
　○社長・取締役会への進言
└ ─ ─ ─ ─ ─ ─ ─ ─ ─ ┘

┌─────────────────────────────────────┐
│【ポイント】
│➤経営管理／事業態勢の決定、経営／事業計画の決定を取締役会で実施することに
│　より、社長の独断専行を抑止
│➤事業計画に基づく業務執行権限を執行役員に委譲することにより、業務の迅速化
│　／社長の負担軽減を実現（社長は、業務執行の監督に専念）
│➤監査役の実効化を図り、経営の健全性を確保
└─────────────────────────────────────┘

⑵ 人　材

> ・イノベーションやICT化などの進展に伴い、今後、先進技術の事業への適用可能性を見極めるスキルや、新たな事業展開・態勢整備を適切に進める高度なスキルが要求されるようになる。
> ・有能な社員を確保し、高度なスキルを養成していくことが事業継続上不可欠である。

「人材が強み」という中小企業が少なくありません。そうした企業は卓越した技能とノウハウをもった職人を擁し、現状、それが強みになっていますが、将来にわたって強みが保証されるわけではありません。今後、「求められるスキルが変わった」「職人の退職により技能・ノウハウが失われた」といったことが起こるかもしれません。

また、今般の新型コロナウイルス禍において、テレワーク・リモートワークやICTを活用した業務改革への取組みの重要性が再認識され、こうした面でのスキルアップや要員確保の必要性が高まってくると考えられます。

①　必要なスキル

イノベーションやICT化・デジタライゼーションの進展に伴って、要求されるスキルが、今後、大きく変化する可能性が高いと考えられます。

ロバート・カッツが提唱した3つのスキルに則して考察すると、具体的には、以下のような変化が予想されます（図表2－9）。

・テクニカルスキル：RPAの導入により「定型作業」が減少するほか、「情報・データの収集・分析」「問題点の把握」「判断材料の提供」といった作業がAI・IoTに代替される。他方、最新の技術・ICTに関する理解を深め、経営・事業への適用の可能性を見極めるスキルが必要になる。

・コンセプチュアルスキル・ヒューマンスキル：イノベーション／ICT化・デジタライゼーションの進展や外部・内部環境の変化を的確に把握し、新たな事業展開・態勢整備に関する「課題の導出」「具体的対応策の検討」「計画の策定」「プロセス管理」「コミュニケーション」「判断・決定」を適切に進める高度な

図表2−9　求められるスキルの変容

AI・IoT・RPA等で代替可能

スキルの区分	企画	業務遂行	検証・改善
テクニカルスキル 　業務遂行上必要となる専門的な知識・スキル	・情報・データの収集／分析 ・問題点の把握 ・判断材料の提供	・定型作業の実施 ・不定型／新規作業の実施	・情報・データの収集／分析 ・問題点の把握 ・判断材料の提供
コンセプチュアルスキル 　物事の本質を論理的に捉え、的確に企画・構想・立案するスキル	・課題の導出 ・具体的対応策の検討 ・計画の策定		・課題の導出 ・具体的対応策の検討 ・計画の策定
ヒューマンスキル 　人間関係を維持・構築するためのスキル	・プロセス管理 ・コミュニケーション（情報共有／折衝・調整／プレゼン／合意形成） ・判断・決定	・プロセス管理 ・コミュニケーション（情報共有／折衝・調整／プレゼン／合意形成） ・判断・決定	・プロセス管理 ・コミュニケーション（情報共有／折衝・調整／プレゼン／合意形成） ・判断・決定

【従前】

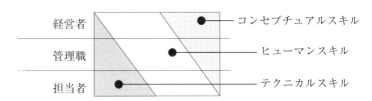

経営者 ── コンセプチュアルスキル
管理職 ── ヒューマンスキル
担当者 ── テクニカルスキル

【今後】

最新の技術・ICTに関する理解を深め、経営・事業への適用を検討することが必要に

・イノベーション／ ICT化等の進展
・外部／内部環境の変化確保

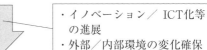

経営者
管理職
担当者

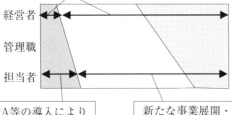

RPA等の導入により業務が減少

新たな事業展開・態勢整備に関する具体的検討が必要に

スキルが必要になる。

② 要員確保／能力開発

イノベーションやICT化・デジタライゼーションの進展に伴い、要求されるスキルの範囲が拡大し、要求水準も高度化することが予想されます。

しかしながら、「現有要員では、量・質とも足りない」「ベテラン社員や有能な中堅社員が退職する」といった問題を抱え、「必要なスキルを有する人材を確保することは相当難しい」と感じている経営者が少なくないと思います。

ただそうはいっても、要員を確保しなければ、将来にわたって事業を継続することができません。

こうした状況を打開し、有能な社員を確保・育成していくためには、コンサルタントなど外部資源を活用しながら、以下の取組みを計画的に進めていくことが肝要です（図表2－10）。

1) 要員確保／能力開発態勢の整備

社内に要員確保／能力開発態勢を整備し、コンサルタントを活用して以下の取組みを進め、円滑かつ効果的な要員確保／能力開発ができるようにする。

・要員計画を策定し、業務ごとに要員数及び要求されるスキルの内容・レベルを明確にする。

・要員計画に基づき要員一人ひとりのスキルマップを作成し、スキルの現状と要求水準のギャップを把握して、個別の教育プランを策定する。

・技能・ナレッジの可視化／組織化、マニュアル／作業標準の整備を進め、効率的・効果的にスキルアップが図られるようにする。

2) 要員確保の実施

人材紹介・派遣機関を活用して新卒・中途採用を進めるとともに、外部専門人材の受入れやアウトソーシングの活用を推進する。

3) 能力開発の実施

教育プランに基づいてOJTを実施するとともに、能力開発支援機関などを活用して、研修や自己研鑽（通信教育・資格取得）の支援を推進する。

図表 2 − 10　要員確保／能力開発の具体的方策

・コンサルタント

○要員確保／能力開発態勢の整備
・要員計画／教育プラン・スキルマップの策定
・要員確保／能力開発体制の整備
・技能・ナレッジの可視化／組織化
・マニュアル／作業標準の整備

○要員確保の実施
・新卒・中途採用
・外部専門人材の受入れ
・アウトソーシングの活用

○能力開発の実施
・OJT
・外部・内部研修
・自己研鑽の支援
　（通信教育／資格取得）

・人材紹介・派遣機関
・能力開発支援機関
・専門能力を有するアウトソーサー

(3) 製品・サービス

・需要・ニーズの多様化／高度化が進む中、既往製品・サービスの競争力低下が懸念される。

・機能・性能・効用／品質・供給・価格に関する需要・ニーズを的確に把握し、製品・サービスや事業態勢の強化・拡充を推進する必要がある。

　最近10年間における中小・小規模事業者（資本金1億円未満の企業）の付加価値生産性を業種別にみてみましょう。

　図表2-11は、業種別に付加価値生産性を示す指標を整理したものですが、これをみると建設業・運輸業では1人当たり付加価値額が10％以上増加しているのに対し、小売業・サービス業では減少しています。

　1人当たり付加価値額を「売上高付加価値額比率」「1人当たり売上高」に分解してそれぞれの動きをみてみると、両業種とも1人当たり売上高が減少しており、「効率性」が悪化していることが窺われます。

　1人当たり売上高の減少は、製造業・卸売業においてもみられ、中小・小規模事業者では、全般的に効率性が悪化していると推察されます。

　効率性悪化の要因としては、以下のことが考えられます。

・製品・サービスの競争力低下により、売上単価が下落している。

・生産・販売・サービス提供態勢に問題があり、売上数量が減少している。

　第Ⅰ章第2節で「市場／需要・ニーズの変化」について触れましたが、今般の新型コロナウイルス感染症の災禍においても、宅配ニーズや巣籠り需要など様々な需要・ニーズが喚起されたり、変化したりしています。

　こうした需要・ニーズに応えるべく新製品・サービスの開発や既往製品・サービスの拡充・高度化に取り組み、競争力を高める企業が存在します。他方、手をこまねいている企業においては取扱製品・サービスが比較劣位となり、今後、競争力がますます低下していくことが懸念されます。

　本項では、そうしたことを踏まえ、「製品・サービスの競争力低下」について考えてみたいと思います。

図表2-11 業種別にみた中小・小規模事業者の付加価値生産性の推移

業種	指標	2008年度	2018年度	2008-2018の増減
製造業	1人当たり付加価値額（万円）	597	610	+2.2%
	売上高付加価値額比率（%）	26.3	28.2	+1.9
	1人当たり売上高（万円）	2,268	2,165	▲4.5%
建設業	1人当たり付加価値額（万円）	640	764	+19.4%
	売上高付加価値額比率（%）	22.3	25.5	+3.2
	1人当たり売上高（万円）	2,874	2,997	+4.3%
運輸業	1人当たり付加価値額（万円）	497	551	+10.9%
	売上高付加価値額比率（%）	44.6	39.7	▲4.9
	1人当たり売上高（万円）	1,114	1,387	+24.5%
卸売業	1人当たり付加価値額（万円）	689	742	+7.7%
	売上高付加価値額比率（%）	9.7	12.0	+2.3
	1人当たり売上高（万円）	7,099	6,185	▲12.9%
小売業	1人当たり付加価値額（万円）	501	499	▲0.4%
	売上高付加価値額比率（%）	17.1	17.5	+0.4
	1人当たり売上高（万円）	2,937	2,855	▲2.8%
サービス業	1人当たり付加価値額（万円）	490	447	▲8.8%
	売上高付加価値額比率（%）	35.5	42.9	+7.4
	1人当たり売上高（万円）	1,380	1,043	▲24.4%

（出典）　財務省「法人企業統計調査」に基づき筆者が作成

① 機能／性能／効用に関する需要・ニーズへの対応

　製品・サービスの競争力は、「機能・性能・効用」「品質・供給力・価格力」が競合品や代替品に比べて「いかに優れているか」「いかに需要・ニーズにマッチしているか」によって規定されます。

　先程、中小・小規模事業者における付加価値生産性が低迷・悪化しているという現状を確認しましたが、図表2－12に示すとおり、今後、製品・サービスに対する需要・ニーズがさらに高度化してくると、これまで以上に同業者や新規先・代替品との競合にさらされ、付加価値生産性が一層悪化することが懸念されます。

　機能・性能・効用に関しては、これまで以上に高水準なものを要求されるとともに、独自性・多様性・拡張性・持続性・将来性に対する需要・ニーズが高まり、既往製品・サービスではこうしたニーズに応えられなくなるのではないかと危惧されます。

　こうした状況を打開するためには、製品・サービスの機能・性能・効用を高め、競争力の維持・向上を図らなければならず、今後、新製品・サービスの開発や既往製品・サービスの拡充が不可避になってくると想定されます。

② 品質／供給／価格に関する需要・ニーズへの対応

　品質・供給に関しても、機能などと同様、これまで以上に高い水準が求められるとともに、均質性・安定性・耐久性や供給スピードのさらなる向上、小口多頻度供給や安定供給に係る対象範囲・内容の一層の拡充が求められると予想されます。また、これまで以上に販売価格の引き下げやコストダウンの要請が強まってくると考えられます。

　こうした状況に対応するためには、製品・サービスの生産／販売／提供態勢を強化・再構築し、顧客の需要・ニーズに適応した製品・サービスを効率的・効果的に生産・販売・提供していくことが不可欠であると考えます。

　いずれにしても、既往製品・サービスや現行の事業態勢を客観的に分析・評価し、製品・サービスや事業態勢の強化・拡充を図り、競争力を強化していかなければ、事業継続が困難になると危惧されます。

図表2－12　需要・ニーズに適応した製品・サービスの実現

定　義		今後想定される需要・ニーズ
機　能	製品等に期待・要求する作用・働き	○以下を実現し、これまで以上に高水準の機能・性能・効用を享受したい
性　能	製品等に期待・要求する性質・能力	・他にはない機能等の増加（独自性の向上） ・幅広い機能等の増加（多様性の向上）
効　用	製品等を消費・利用することにより得られる便益・満足	・今後の機能等の増加・拡充（拡張性の向上） ・機能等の内容・水準の維持長期化（持続性の向上） ・将来にわたる機能等の増加・拡充（将来性の向上）
品　質	製品等の機能・性能・効用が期待・要求水準どおり享受できる確からしさ	○以下を実現し、これまで以上に高水準の品質／供給を享受したい ・製品等の間の品質差異の極小化（均質性の向上） ・製品等の品質保持期間の伸長（安定性の向上）
供給力	製品等を期待・要求水準どおりに供給する力	・製品等の品質保持環境の拡張（耐久性の向上） ・製品等の供給スピードの向上 ・小口・多頻度供給の拡充 ・安定供給の範囲・内容の拡充
価格力	製品等を期待・要求水準どおりの価格で提供する力	○これまで以上に価格引き下げやコストダウン要請に応じてほしい

課　題	実施事項
機能・性能・効用の向上	○製品・サービスの強化・拡充 ・マーケティング ・既往製品・サービスの評価、Fit & Gap分析 ・新製品・サービスの開発／既往製品・サービスの拡充の検討 ・製品・サービスの設計／開発 ・製品・サービスの試作／テスト
品質・供給力・価格力の向上	○製品・サービスの生産／販売／提供の強化・拡充 ・製品・サービスの生産／販売／提供体制・方法の検討 ・試作機・試験店舗等による試行、結果の検証・評価 ・本格稼働に向けた態勢整備（設備の導入・拡充／体制・プロセスの構築／マニュアル・作業標準の整備／要員の教育等）

需要・ニーズに適応した製品・サービスの実現

(4) 事業態勢／設備／ナレッジ

> ・中小企業・小規模事業者においては、採算性・効率性が低迷し高コスト構造を余儀なくされている。
> ・低採算・非効率を打開するためには、事業態勢の再構築を推進し、「リードタイムの短縮」を図ることが不可欠である。
> ・中小企業・小規模事業者において労働装備率・設備生産性の低迷がみられ、能力低下や大企業との格差拡大が懸念される。
> ・ベテラン社員の属人的な技能・ノウハウが散逸し、強さの源泉が失われることが懸念される。技術・ナレッジの形式知化／組織化を図り、新たな事業展開や態勢強化に活用していく必要がある。
> ・また、外部資源とのアライアンス締結や取引先の再構築を進め、迅速・的確な事業展開を実現する必要がある。

　前項で中小・小規模事業者（資本金1億円未満の企業）の付加価値生産性についてみましたが、あらためて中小・中堅企業（資本金1億円以上10億円未満の企業）などと対比しながら、付加価値生産性や固定費の支出についてみてみましょう。

　最近10年間における1人当たり付加価値額の推移をみると、大企業（資本金10億円以上の企業）が14.4％増加、中小・中堅企業が9.3％増加しているのに対し、中小・小規模事業者は小売業・サービス業を中心に低迷し5.7％増にとどまっています。その結果、1人当たり付加価値額における中小・小規模事業者と大企業の乖離は、3ポイント広がっています（2008年度 39.6：100 → 2018年度 36.6：100）（図表2-13）。

　1人当たり売上高については、大企業／中小・小規模事業者とも減少していますが、中小・小規模事業者の落ち込みの方が大きく、大企業との乖離はわずかながら広がり、付加価値額以上の開きがみられます（図表2-14）。

　また、最近10年間における1人当たり固定費の推移をみると、大企業が14.2％減少、中小・中堅企業が5.0％減少しているのに対し、中小・小規模事業者は1.5％減にとどまっており、大企業との乖離は7ポイント縮まっています（2008年度 45.6：100 → 2018年度 52.3：100）。

図表2-13　業種別・資本金規模別にみた1人当たり付加価値額の推移

| 業種 | 資本金規模 | 1人当たり付加価値額（万円） | | 2008 - 2018 の増減率 | 10億円以上企業との乖離（＊） |
		2008年度	2018年度		
全産業（金融保険業除く）	1億円未満	561	593	＋5.7%	36.6
	1～10億円	793	867	＋9.3%	53.5
	10億円以上	1,418	1,622	＋14.4%	100.0
製造業	1億円未満	597	610	＋2.2%	37.7
	1～10億円	913	999	＋9.4%	61.1
建設業	1億円未満	640	764	＋19.4%	44.7
	1～10億円	923	1,007	＋9.1%	58.9
運輸業	1億円未満	497	551	＋10.9%	33.7
	1～10億円	822	902	＋9.7%	55.2
卸売業	1億円未満	689	742	＋7.7%	61.2
	1～10億円	948	982	＋3.6%	81.0
小売業	1億円未満	501	499	▲0.4%	59.2
	1～10億円	559	630	＋12.7%	74.7
サービス業	1億円未満	490	447	▲8.8%	33.3
	1～10億円	566	635	＋12.2%	47.2

＊　2018年度の資本金10億円以上企業の指標＝100とした場合の指数

図表2-14　資本金規模別にみた1人当たり売上高等の推移

指標	資本金規模	2008年度	2018年度	2008 - 2018 の増減	10億円以上企業との乖離（＊1）
1人当たり売上高（万円）	1億円未満	2,405	2,249	▲6.5%	29.0
	1～10億円	4,159	4,459	＋7.2%	57.5
	10億円以上	8,104	7,760	▲4.2%	100.0
売上高付加価値額比率（%）	1億円未満	23.3	26.4	＋3.1	
	1～10億円	19.1	19.4	＋0.3	
	10億円以上	17.5	20.9	＋3.4	
1人当たり固定費（＊2）（万円）	1億円未満	524	516	▲1.5%	52.3
	1～10億円	697	662	▲5.0%	67.1
	10億円以上	1,150	987	▲14.2%	100.0
労働分配率（＊3）（%）	1億円未満	57.5	56.1	▲1.4	
	1～10億円	59.7	57.3	▲2.4	
	10億円以上	48.3	43.0	▲5.3	

＊1　2018年度の資本金10億円以上企業の指標＝100とした場合の指数
＊2　固定費＝付加価値額（減価償却費含む）－経常利益
＊3　労働分配率＝（従業員給与・賞与＋福利厚生費）÷付加価値額（同上）

（図表2-13、2-14の出典）　財務省「法人企業統計調査」に基づき筆者が作成

さらに、労働分配率については、大企業が5.3ポイント下落しているのに対し、中小・小規模事業者は最近10年間でわずか1.4ポイントの下落にとどまっており、依然として高い水準（56.1％）にあります。

　このように、中小・小規模事業者においては、採算性・効率性とも低迷し、高コスト構造を余儀なくされています。また、生み出された付加価値の過半を労働コストに投入せざるを得ず、内部留保や今後に向けた人的投資、設備・研究開発投資を円滑に進められない状況にあると考えられます。

①　事業態勢（事業の実施体制／方法）

　こうした低採算・非効率の状況を打開するためには、事業態勢を再構築する必要があります。以下では、効率性向上・固定費の削減を図るうえで最も有効な「リードタイムの短縮」について考えてみたいと思います。

　リードタイムとは「製品1単位当たりの生産・販売時間」のことで、大雑把にいえば「年間就業時間÷年間生産・販売数量」という算式で求められます。当然のことながら、年間就業時間には制限がありますので、生産・販売数量を増やすためには、リードタイムを短縮しなければなりません。

　図表2−15に示すように、リードタイムには、企画・設計・開発／仕入・外注・購買管理／生産・加工／販売・物流の各プロセスにおける「作業時間」と準備・段取りを行ったり、手空きであったり、待機していたり、工程間を行ったり来たりするのにかかる「非作業時間」が含まれます。

　「作業時間」は、各業務プロセスにおいて付加価値を生み出す時間ですが、時間当たりの付加価値を向上させるためには、効率性をあげ作業時間を短縮する必要があります。

　他方、「非作業時間」は、付加価値を生み出さない「ムダな時間」なので、できる限り排除・抑制しなければなりません。

　こうした「作業時間」「非作業時間」を短縮するためには、以下の取組みを推進し、能力向上や合理化・効率化を図ることが肝要です。

・有能な要員を確保し、スキルアップを促進する。
・事業体制／方法の再構築・改善を行い、効率的・効果的な企画・設計・開発／仕入・外注・購買管理／生産・加工／販売・物流を実現する。
・設備の増強・再編を進め、生産・販売などの能力を高める。

図表２－15　効率性向上／固定費削減の実現　～リードタイムの短縮～

時間区分	定義
企画・設計・開発	企画・設計・開発に係る作業を実施している時間
仕入・外注・購買管理	仕入・外注・購買管理に係る作業を実施している時間
生産・加工	生産・加工に係る作業を実施している時間（外製分を含む）
販売・物流	販売／保管・仕分・輸送に係る作業を実施している時間
準備・段取り	生産・加工等を始める前の準備・段取り作業の時間
手空き	生産・加工等を開始した後の作業をしていない時間（待機時間等を除く）
待機	前工程の作業完了を待っている時間
手戻り	問題が発生し、前工程に戻すことにより発生する浪費時間
横持ち	複数ある同一工程間を移動する時間
移動	次工程に移動する時間

・移動時間

企画・設計・開発
・作業時間
・準備・段取り・手空き・待機・手戻り・横持ち時間

仕入・外注・購買管理
・作業時間
・準備・段取り・手空き・待機・手戻り・横持ち時間

生産・加工
・作業時間
・準備・段取り・手空き・待機・手戻り・横持ち時間

販売・物流
・作業時間
・準備・段取り・手空き・待機・手戻り・横持ち時間

○以下の態勢整備により、リードタイムを短縮
　・要員の確保／スキルアップ
　・事業体制／方法の再構築・改善
　・設備の増強・再編
　・技術／ナレッジ／アライアンスの強化
　・仕入・外注先／販売先／連携先の再構築・活用強化

効率性向上・固定費削減の実現

・技術／ナレッジ／アライアンスの強化、仕入・外注先／販売先／連携先の再構築・活用強化を進め、効率的・効果的な業務遂行を実現する。

　特に中小・小規模事業者においては、こうした取組みを行い、採算性・効率性を向上させることが不可欠であると考えます。

② 設備

　最近10年間において、労働装備率（有形・無形の固定資産が社員1人当たりどれくらい装備されているか）や設備生産性（導入された有形・無形の固定資産がいかに付加価値を生み出しているか）がどのように推移しているかみてみましょう。

　労働装備率については、中小・中堅企業が4.5%増加していますが、大企業／中小・小規模事業者ではほぼ横ばいとなっています（図表2－16）。

　ただ、製造業・建設業・卸売業・サービス業では、中小・小規模事業者の労働装備率が低下しており、所要の設備投資が行われず、設備の老朽化・陳腐化が進展していることが危惧されます。

　また、大企業が1,897万円であるのに対し、中小・小規模事業者が392万円（大企業の21%）、中小・中堅企業が578万円（大企業の30%）と低水準にあり、中小企業における能力低下や大企業との能力格差が懸念されます。

　設備生産性をみると、労働集約型が多い中小企業においては150%程度となっており、資本集約型の大企業に比べて高水準にあります（図表2－17）。しかしながら、1人当たり付加価値額や労働装備率が低迷し、設備生産性の向上も大企業に比べて小幅なことから、生産性が高原状態にあるとも考えられ、今後、設備の老朽化・陳腐化などにより、付加価値生産性が低下していくことが憂慮されます。

　特に中小・小規模事業者においては、必要な設備投資などが行われないと、今後の事業展開に支障を来し、「機会の獲得」「脅威の回避」ができないことも考えられるので、現有設備に関し十分に分析・検討する必要があります。

図表2−16　業種別・資本金規模別にみた労働装備率の推移

| 業種 | 資本金規模 | 労働装備率（＊1）（万円） | | 2008−2018 の増減率 |
		2008年度	2018年度	
全産業（金融保険業除く）	1億円未満	389	392	＋0.8%
	1〜10億円	553	578	＋4.5%
	10億円以上	1,898	1,897	▲0.1%
製造業	1億円未満	384	364	▲5.2%
	1〜10億円	721	779	＋8.0%
建設業	1億円未満	284	238	▲16.2%
	1〜10億円	350	270	▲22.9%
運輸業	1億円未満	190	274	＋44.2%
	1〜10億円	807	1,016	＋25.9%
卸売業	1億円未満	363	336	▲7.4%
	1〜10億円	418	390	▲6.7%
小売業	1億円未満	273	281	＋2.9%
	1〜10億円	330	372	＋12.7%
サービス業	1億円未満	303	235	▲22.4%
	1〜10億円	276	265	▲4.0%

図表2−17　業種別・資本金規模別にみた設備生産性の推移

| 業種 | 資本金規模 | 設備生産性（＊2）（%） | | 2008−2018 の増減 |
		2008年度	2018年度	
全産業（金融保険業除く）	1億円未満	144.4	151.4	＋7.0
	1〜10億円	143.4	150.0	＋6.6
	10億円以上	74.7	85.5	＋10.8
製造業	1億円未満	155.2	167.5	＋12.3
	1〜10億円	126.7	128.2	＋1.5
建設業	1億円未満	225.5	320.2	＋94.7
	1〜10億円	264.0	372.4	＋108.4
運輸業	1億円未満	261.9	200.8	▲61.1
	1〜10億円	101.9	88.7	▲13.2
卸売業	1億円未満	189.9	221.0	＋31.1
	1〜10億円	227.0	251.6	＋24.6
小売業	1億円未満	183.6	177.9	▲5.7
	1〜10億円	169.6	169.2	▲0.4
サービス業	1億円未満	162.1	190.5	＋28.4
	1〜10億円	205.3	239.8	＋34.5

＊1　労働装備率＝（有形固定資産（土地・建設仮勘定除く）＋無形固定資産）÷期中平均従業員数

＊2　設備生産性＝付加価値額（減価償却費含む）÷（有形固定資産（土地・建設仮勘定除く）＋無形固定資産）

（図表2−16、2−17の出典）　財務省「法人企業統計調査」に基づき筆者が作成

③ 技術／ナレッジ／アライアンス

わが国の中小メーカーの中には、高い技能を有し長年の経験と培われたノウハウに基づいて高度なモノづくりをリードする職人が存在し、「匠の技」を強みに高い競争力を誇る企業が少なくありません。

こうした「匠の技」は可視化されない暗黙知で、競合先などに漏れたり、まねされたりすることはありませんが、属人的なため、師匠から弟子に技能・ノウハウの伝承が行われないと、師匠の退職により雲散霧消してしまい、その企業は一気に「強さの源泉」を失ってしまうことになります。

このような事態にならないよう、以下の取組みを組織的にしっかり行い、形式知化／組織化された技術・ナレッジを新たな事業展開や事業態勢の強化に活かしていかなければなりません（図表2−18）。

・形式知化：技術・ナレッジの可視化／データ化を推進する。
・組織知化：形式知化された技術・ナレッジの組織的蓄積・共有を進める。
・技術・ナレッジの組織的活用：要員のスキルアップ、事業態勢の強化を推進し、組織知化された技術・ナレッジを事業・経営に十分活用する。

また、新たな事業展開にあたっては、それを実現するための事業態勢の強化・再構築が不可欠ですが、すべてを自社内で賄おうとすると、多額の投資や大きなリスク負担を余儀なくされ、費用対効果の点でも妥当とはいえません。

新たな事業展開／態勢整備にあたっては、まず「やるべきこと」「取り組むべき課題」を洗い出し、自社の経営資源及び外部資源を客観的に分析・評価して、妥当性・実現可能性の観点から「内製すべき事項は何か」「外注すべき事項は何か」を具体的に設定します（図表2−19）。

そのうえで、有力な外部資源（アウトソーサー）とアライアンスを締結し、経営管理／要員確保・能力開発／企画・設計・開発／生産／販売・物流といった各業務について緊密に連携し、有機的・一体的に事業を推進していくことが肝要であるといえます。

今後、外部環境が激しく変化し、迅速かつ的確な事業展開を円滑・着実に進めていくことが求められるため、アライアンスは不可欠になります。アライアンスを活用する素地・ネットワークがない場合には、早急に整備しなければなりません。

図表 2 −18　技術・ナレッジの蓄積／活用推進

○事業・経営に必要な知識・ノウハウ／技能が特定個人に蓄積
　【属人知／暗黙知】
　→当該社員が退職すると散逸し、事業・経営に活用できない

○個人に蓄積された知識・ノウハウ／技能の形式知化／組織知化
　・技術・ナレッジの可視化／データ化による形式知化
　・可視化／データ化された技術・ナレッジの蓄積／共有による組織知化

○形式知化／組織知化された技術／ナレッジの経営・事業への活用推進

○事業の効率化／高度化、経営の円滑化の実現

図表 2 −19　アライアンスの強化

事業展開／態勢整備の方向性

経営資源の分析・評価
　・現状把握
　・問題点／優位点の抽出
　・態勢整備の方向性の設定

外部資源の分析・評価
　・現状把握
　・問題点／優位点の抽出
　・アウトソーシング活用の検討

アライアンスの強化
（経営管理／要員確保・能力開発／
企画・設計・開発／生産／販売・物流）

④　仕入・外注先／販売先／連携先

　先程も触れましたが、新たな事業展開を効率的・効果的に進めていくためには、有力な販売先、有能な仕入・外注先／連携先の活用が不可欠です。

　新たな事業展開を実現していくために必要な事業態勢を検討し、「既往取引先が活用できるか」「既往取引先を活用する場合の問題は何か」「既往取引先が活用できない場合、どういう取引先が必要になるか」を見極めなければなりません。

　その結果、「新たな事業展開に対し有効な協力・支援が期待できる」といった取引先については、関係を強化し新たな事業展開に活用していくことが妥当です。

　新たな事業展開に活用できるが、「能力が劣っている」といった問題がある取引先については、能力強化を要請したり、取引関係を見直したりすることが必要になってきます。

　また、新たな事業展開に活用できない場合には、有力・有能な先と新たに取引関係を構築しなければなりません（図表2－20）。

　このように、現状において「強み」となっている仕入・外注先／販売先／連携先が、外部環境が変化し、新たな事業展開を実施していくにあたって、「強みにならない」「弱みになってしまう」ということが往々にしてありますので、こうしたことも十分に吟味する必要があります。

図表 2 −20　仕入・外注先／販売先／連携先の再構築・活用強化

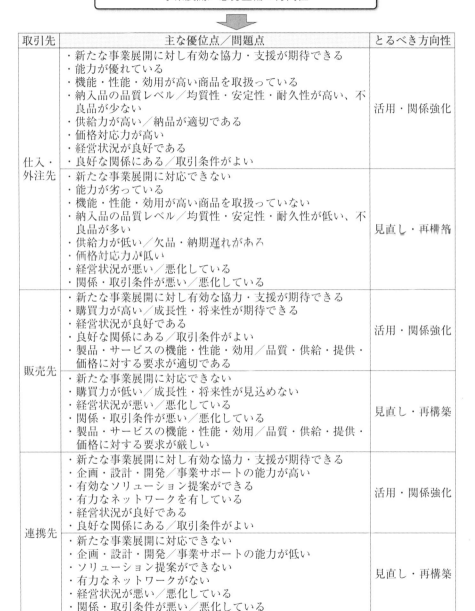

事業展開／態勢整備の方向性

取引先	主な優位点／問題点	とるべき方向性
仕入・外注先	・新たな事業展開に対し有効な協力・支援が期待できる ・能力が優れている ・機能・性能・効用が高い商品を取扱っている ・納入品の品質レベル／均質性・安定性・耐久性が高い、不良品が少ない ・供給力が高い／納品が適切である ・価格対応力が高い ・経営状況が良好である ・良好な関係にある／取引条件がよい	活用・関係強化
	・新たな事業展開に対応できない ・能力が劣っている ・機能・性能・効用が高い商品を取扱っていない ・納入品の品質レベル／均質性・安定性・耐久性が低い、不良品が多い ・供給力が低い／欠品・納期遅れがある ・価格対応力が低い ・経営状況が悪い／悪化している ・関係・取引条件が悪い／悪化している	見直し・再構築
販売先	・新たな事業展開に対し有効な協力・支援が期待できる ・購買力が高い／成長性・将来性が期待できる ・経営状況が良好である ・良好な関係にある／取引条件がよい ・製品・サービスの機能・性能・効用／品質・供給・提供・価格に対する要求が適切である	活用・関係強化
	・新たな事業展開に対応できない ・購買力が低い／成長性・将来性が見込めない ・経営状況が悪い／悪化している ・関係・取引条件が悪い／悪化している ・製品・サービスの機能・性能・効用／品質・供給・提供・価格に対する要求が厳しい	見直し・再構築
連携先	・新たな事業展開に対し有効な協力・支援が期待できる ・企画・設計・開発／事業サポートの能力が高い ・有効なソリューション提案ができる ・有力なネットワークを有している ・経営状況が良好である ・良好な関係にある／取引条件がよい	活用・関係強化
	・新たな事業展開に対応できない ・企画・設計・開発／事業サポートの能力が低い ・ソリューション提案ができない ・有力なネットワークがない ・経営状況が悪い／悪化している ・関係・取引条件が悪い／悪化している	見直し・再構築

3 事業の「持続性」の向上

(1) 安全性

> ・事業の安全性を高めるためには、「特定事業／取引先／国・地域への依存度の引き下げ」「セキュリティ／ガバナンス／危機対応／リスク管理の強化」「自己資本の充実／資金繰りの円滑化」を推進する必要がある。
> ・特定事業／取引先／国・地域への依存度の引き下げは、「新事業の構築／既往事業の見直し」「新たな販売先の構築／既往販売先の見直し」「事業所展開／サプライチェーンの再構築」によって実現される。
> ・セキュリティ／ガバナンス／危機対応／リスク管理の強化は、「事業所／設備／システム／情報・データのセキュリティ強化」「ガバナンスの強化／コンプライアンスの徹底」によって実現される。
> ・自己資本の充実／資金繰りの円滑化は、「増資・劣後ローンなどの導入」「遊休資産の売却」「手元流動性の向上」などによって実現される。

　前節では、「中小企業の内部環境（経営資源）が劣化しつつあるのではないか」という問題意識から、「今後に向けて、問題点をしっかり見極めていかなければならない」というようなことをお話ししました。

　本節と次節では、「こうして炙り出された問題を解決し、将来に向けて事業継続力を強化していくために、何をすべきか」ということについて考えてみたいと思います。

　図表2−21は、様々な「外部環境の変化」と「内部環境における問題」を踏まえ、「事業の安全性／柔軟性／成長性を向上させていくために、具体的にどのような課題に取り組んでいかなければならないか」ということを示しています。

　まず、「安全性」の向上のため、当面取り組んでいくべき課題から、考えてみたいと思います。

図表2−21 事業の「持続性」を高めるために

○外部環境の変化
　・地球温暖化／環境破壊の進行
　・気象災害の増加・深刻化
　・地震・噴火リスクの増大
　・発展途上国の人口急増／先進国の少子・高齢化
　・ナショナリズム・ポピュリズムの台頭
　・紛争・テロの増加
　・サイバー攻撃の増加・巧妙化
　・感染症の深刻化
　・先進国における低成長
　・BRICs等の台頭
　・国内・国家間の格差拡大
　・イノベーション・ICT化等の進展
　・需要・ニーズ／供給構造・サプライチェーンの急速な変化
　・ライフサイクルの短縮化

○内部環境における問題
　・後継者不在
　・経営管理態勢が脆弱
　・要員確保が困難
　・社員のスキル／モチベーション／モラルが低い・低下
　・製品・サービスの優位性／競争力が低下
　・設備が老朽化／余剰・遊休化
　・技術・ナレッジが劣化
　・自動化・省力化・IT化／省エネ化・燃費向上が停頓
　・事業体制／方法が非効率・問題あり
　・仕入・外注先／販売先／連携先に問題あり
　・自己資本が過小／債務超過／資金繰りが繁忙

○事業の「持続性」を向上させるための取組課題

【当面の課題】
　・特定事業／取引先／国・地域への依存度の引き下げ
　・セキュリティ／ガバナンス／危機対応／リスク管理の強化
　・自己資本の充実／資金繰りの円滑化
 「安全性」の向上

【中長期的な課題】
　・柔軟な働き方の実現
　・設備の適正化
　・内製／外注の適正化
⇨ 「柔軟性」の向上

【将来に向けた課題】
　・ライフサイクルの若返り／競合の回避
　・ビジネスモデル／アライアンスの強化・再構築
　・有用な技術・ナレッジの強化
⇨ 「成長性」の向上

① 課題：「特定事業／取引先／国・地域への依存度の引き下げ」

　今般の新型コロナウイルス感染症の世界的流行において、マスクや消毒用アルコールが極度に不足し、あらためて特定の国に依存することの危険性を思い知らされました。また、サプライチェーンがグローバルに展開されている産業においては、部品などの調達・供給が遮断され、大きな影響を被った企業が少なくないと思います。

　唯一の工場が立地する国・地域において自然災害や紛争・大規模テロ・感染症などが発生したり、売上の過半を占める販売先や大半の原材料を購入している仕入先が経営破綻に追い込まれたりした場合、その危機の影響を回避できず、全面的に損害を被るケースがあります。危機が発生する確率は低くても、ひとたびこうした事態になれば、甚大な影響を受けることになりますので、看過できません。

　特定の事業・分野・製品、特定の受注・販売先／仕入・外注先、特定の国・地域への依存度が高い場合には、以下のことを検討することが重要です。

1) 新事業の構築／既往事業の見直し

　例えば、完成車メーカー系列の自動車部品製造業者（Tier 2）が、素形材加工（鋳・鍛造、機械加工、熱処理など）の技術を活かして、新たに航空機・ロケット・人工衛星部品の製造に乗り出したり（新たな成長市場への進出）、エンジン部品だけでなく足回りや制動・トランスミッション部品の製造を手掛けようとしたりする（事業多角化）、といった事業展開が考えられる。

2) 新たな販売先の構築・既往販売先の見直し

　例えば、大手家電メーカー向けプラスチック部品の製造を手掛けるメーカーが、高精度の射出成型技術を活かして、PB商品の販売に乗り出す家電量販店への受注ルートを新規構築したり（新たな販売先の構築）、既往家電メーカー以外の電子機器メーカーへの納品を拡大したりする（メイン先以外の既往販売先との関係強化）、といった事業展開が考えられる。

3) 事業所展開／サプライチェーンの再構築

　例えば、国内にビジネスホテルを展開するホテルチェーンが、インバウンド需要からの脱却／ビジネスマンなどの需要深耕を図るため、自動車関連企業が多数進出し、邦人出張者の宿泊需要が見込める東南アジアにホテルを新規出店したり（新たな国・地域への事業所の設置）、不採算店舗をリモートワーク拠点に転換した

図表2-22　事業の「安全性」の向上
　　　　　～特定事業／取引先／国・地域への依存度の引き下げ～

主な課題	具体的な取組み（例）
特定事業・取引先・国・地域への依存度の引き下げ	○新事業の構築／既往事業の見直し ・新たな成長市場への進出 ・既往市場における事業多角化 ・事業転換 ・既往市場における事業の縮小／事業からの撤退 ○新たな販売先の構築／既往販売先の見直し ・新市場における新たな販売先の構築 ・既往市場における新たな販売先の構築 ・メイン先以外の既往販売先との関係強化 ・既往販売先への販売縮小／取引の停止 ○事業所展開／サプライチェーンの再構築 ・新たな国・地域への事業所の設置 ・既往国・地域の事業所の縮小／撤退 ・既往事業所間の事業再編 ・新たな仕入・外注先の構築 ・既往仕入・外注先との取引見直し

○新たな事業／市場
○新たな販売先／仕入・外注先
○新たな国／地域

○既往の事業／市場
○既往の販売先／仕入・外注先
○既往の国／地域

○対象事業・市場／取引先／国・地域の評価
・現状把握
・収益性／成長性・将来性
・安全性／リスク
○具体的な事業展開／態勢整備の検討
○「進出・拡大」に係る妥当性／実現可能性の評価

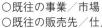 比較検討

○対象事業・市場／取引先／国・地域の評価
・現状把握
・収益性／成長性・将来性
・安全性／リスク
○具体的な事業展開／態勢整備の検討
○「縮小・撤退」に係る妥当性／実現可能性の評価

○「新たな事業／取引先／国・地域への進出・拡大」の決定
○「既往の事業／取引先／国・地域からの縮小・撤退」の決定

り（既往事業所間の事業再編）、コスト削減や利用・宿泊客のニーズに適応するために新たな仕入・外注ルートを構築したりする（新たな仕入・外注先の構築）、といった事業展開が考えられる。

その際、「新たな事業・市場／取引先／国・地域」「既往の事業・市場／取引先／国・地域」の双方について、まず、現状の把握や収益性・成長性・将来性／安全性・リスクの評価を行います。

そのうえで具体的な事業展開・態勢整備を検討して、妥当性・実現可能性の評価／比較検討を行い、「新たな事業／取引先／国・地域への進出・拡大」「既往の事業／取引先／国・地域からの撤退・事業縮小」を決定することが重要です（図表2−22）。

ただし、安易な「新事業の構築／既往事業の見直し」などは、かえって経営危機を招きますので、リスクや妥当性・実現可能性の分析・評価をしっかり行い、慎重かつ果敢に検討することが肝要です。

② 課題：「セキュリティ／ガバナンス／危機対応／リスク管理の強化」

第Ⅰ章でサイバー攻撃の脅威などについて触れましたが、円滑な事業運営を確保するためには、「リスク・危機を回避すること」「危機が発生した場合の対策を準備すること」が不可欠です。

セキュリティ／ガバナンス／危機対応／リスク管理の強化に向けた具体的な取組みとしては、以下のものがあげられます（図表2−23）。

1） 事業所／設備のセキュリティ強化

例えば、治安が悪く自然災害のリスクも高い海外で高級レストランを展開するチェーン店が、店舗への侵入防止対策、防火・防水・耐震対策、災害発生時に備えた自家発電設備の導入を進める、といった取組みがあげられる。

2） システム／情報・データのセキュリティ強化

例えば、ICTを活用して販売・リース・サブスクリプション事業を展開する自動車ディーラーが、サイバー攻撃への対応や社員・協力会社などの不正防止のため、自社のコンピュータ室・データ保管室などへの不正入室防止対策、システム・データの毀損・漏えい・稼働停止の防止対策、バックアップ・リカバリ対策を実施する、といった取組みがあげられる。

図表2-23　事業の「安全性」の向上
　　　　　〜セキュリティ／ガバナンス／危機対応／リスク管理の強化〜

主な課題	具体的な取組み（例）
セキュリティ／ガバナンス／危機対応／リスク管理の強化	〇事業所／設備のセキュリティ強化 ・外部から事業所への侵入防止対策の実施 ・機密性が要求される作業場・管理室等への不正入室防止対策の実施 ・事業所／設備／在庫の防火・防水・耐震等の対策実施 ・自家発電設備の整備 ・危機時のエネルギーの優先供給契約の締結 〇システム／情報・データのセキュリティ強化 ・情報セキュリティの強化（機密性・完全性・可用性の保持） ・コンピュータ室・データ保管室等への不正入室防止対策の実施 ・システム・ネットワーク／情報・データの毀損・漏えい・稼働停止の防止対策強化（サイバー攻撃対策を含む） ・システム・ネットワーク／情報・データのバックアップ／リカバリ態勢の強化 〇ガバナンスの強化／コンプライアンスの徹底 ・ガバナンス態勢の整備・強化 ・危機対応態勢の整備・強化 　リスク管理態勢の整備・強化 ・社員の不正防止対策の強化 ・取引先管理／不正防止対策の強化 ・不正発生時の対外説明／再発防止策の策定に関する態勢の整備

〇外部・内部環境に係る危機／リスクの把握
　・発生理由／要因
　・内容／所在場所／発生・顕在化時期
　・発生・顕在化のメカニズム
〇抽出された危機／リスクの評価
　・発生・顕在化の頻度／確率・蓋然性
　・発生・顕在化した場合の影響範囲／影響深度
〇危機／リスクの回避策の検討
　・発生・顕在化の防止策
　・発生・顕在化した場合の対応策／解決策／復旧策
　・防止策／対応策等の効果／妥当性・実現可能性の評価

セキュリティ／ガバナンス／危機対応／リスク管理の強化

3) ガバナンスの強化／コンプライアンスの徹底

　例えば、不祥事が発生した企業が、ガバナンス／危機対応／リスク管理態勢を強化し、社員や取引先の不正防止対策、不正発生時の対外説明・再発防止策の策定などを適切に行うようにする、といった取組みがあげられる。

　また、こうした取組みを行うにあたっては、以下のプロセスを経ることが重要です（詳細は第Ⅲ章）。

1) 「外部・内部環境に係る危機／リスクの把握」を適切に行い、発生理由・要因、危機・リスクの内容／所在／発生・顕在化の時期・メカニズムを明確にする。

2) 「抽出された危機／リスクの評価」を適切に行い、発生・顕在化の頻度／確率・蓋然性、発生・顕在化した場合の影響範囲・深度を明確にする。

3) 「危機／リスクの回避策の検討」を行い、防止策／対応策・解決策・復旧策の策定、効果／妥当性・実現可能性の評価を適切に行う。

　リスクを看過・放置したり、危機を「対岸の火事」と捉えたりせず、「危機は必ず起こる」という前提で態勢を整備・強化することが肝要です。

③　課題：「自己資本の充実／資金繰りの円滑化」

　自己資本は「資本金＋準備金＋内部留保」であり、一朝一夕に充実を図ることはできません。

　しかしながら、過小資本や債務超過に陥っていると、金融機関からの資金調達が難しくなるだけでなく、官公庁や大手企業などからの円滑な受注にも支障を来すことになります。それゆえ、ひとたび経営危機に見舞われると、あっという間に破綻に追い込まれてしまいます。

　こうした企業においては、地道に収益を向上させ、着実に内部留保を蓄積するとともに、以下の取組みを行い、自己資本を充実させることが必要です（図表2−24）。

・増資、資本性劣後ローンの導入、配当・役員賞与の抑制を図る。

・遊休資産・非事業用資産・投資有価証券などの売却や回収長期化債権・貸付金などの回収、在庫の圧縮を進める。

　あわせて、以下の取組みを行うことによって、資金繰りの円滑化を図り、後顧の憂いを解消することが肝要です。

図表 2 −24　事業の「安全性」の向上
　　　　　　～自己資本の充実／資金繰りの円滑化～

主な課題	具体的な取組み（例）
自己資本の充実／資金繰りの改善	○増資／劣後ローン等の導入 ・増資の実施 ・資本性劣後ローンの導入 ・配当・役員賞与の抑制 ○遊休資産の売却等 ・遊休資産／非事業用資産の売却 ・投資用有価証券等の売却 ・回収長期化債権・貸付金等の回収推進 ・在庫の圧縮 ○手元流動性の向上 ・適正水準の現預金の確保 ・適正水準の当座資産（現預金を除く）の確保 ○回収条件／支払条件の見直し ・回収条件の短縮化／現金回収の推進 ・支払手形の振り出し廃止 ・支払条件の長期化 ○返済負担の軽減 ・長期借入金の導入 ・既往借入金の借り換え／条件緩和の実施

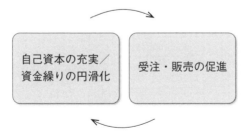

・適正水準の現預金／当座資産を確保し、手元流動性を高める。

・回収条件の短縮化／現金回収を推進する。

・支払条件の長期化を図るとともに、支払手形の振り出しをやめ、銀行取引停止処分になることを回避する。

・長期借入金を導入し、返済負担の軽減・平準化を図る。

・既往借入金の借り換え／条件緩和により、返済負担の軽減を図る。

　「自己資本の充実／資金繰りの円滑化」を推進し、安全性が高まることにより、取引先からの信頼が強まり、受注・販売が促進されます。そして、受注・販売の増加により収益が向上し、内部留保の増加／資金繰りの一層の改善が図られると、安全性がさらに高まります。

　こうしたスパイラルを定着させ、事業の持続性を高めていくことが重要であるといえます。

　図表２－25に、当公庫中小企業事業における「資本性ローン」の概要を紹介しています。

　事業継続力強化の取組みを円滑・着実に進めていくためには、中長期計画を策定し、アクションプランに基づき所要のプロセスを踏みながら地道に取り組むことが重要です。また、持続性・付加価値生産性向上のため多額の投資が必要になりますが、すぐに効果が現れるわけではなく、高リスクの取組みを長期間にわたって粘り強く進めていかなければなりません。

　それゆえ、資本性ローンなど長期資金を導入し、自己資本の充実／資金繰りの円滑化を図ることが不可欠で、金融機関・支援機関などにおいては、「相互に緊密な協調・連携を図り、金融支援・経営改善支援を一体的に実施していかなければならない」と考えます。

図表2-25　日本公庫（中小企業事業）における資本性ローンの概要

	概　要
ご利用いただける方	①直接貸付において、新企業育成貸付、企業活力強化貸付（一部の制度を除く）または企業再生貸付（一部の制度を除く）を利用される方で、地域経済の活性化のために、一定の雇用効果（新たな雇用または雇用の維持）が認められる事業、地域社会にとって不可欠な事業、技術力の高い事業などに取り組む方 ②新型コロナウイルス感染症の影響を受けた方。ただし、次のいずれかに当てはまる方に限る。 　1)　J－Startupプログラムに選定された方または独立行政法人中小企業基盤整備機構が出資する投資事業有限責任組合から出資を受けて事業の成長を図る方 　2)　中小企業再生支援協議会の関与のもとで事業の再生を行う方 　3)　上記1)および2)に該当しない方であって、事業計画書を策定し、民間金融機関等による支援を受けられる等の支援体制が構築されている方
融資限度額	①1社あたり3億円 ただし、事業承継・集約・活性化支援資金（企業活力強化貸付）については、1社あたり別枠3億円 ②7億2千万円（別枠）
利率（年）	①適用した貸付制度に基づき、貸付後1年ごとに、直近決算の業績に応じて、3区分の利率が適用されます。 ②ご融資後3年間は0.50%。ご融資後3年経過後は、毎年直近決算の業績に応じて、2区分の利率が適用されます。
ご返済期間	①15年・10年・7年・5年1ヵ月（期限一括償還） ②20年・10年・5年1ヵ月のいずれか（期限一括償還）
担保・保証人等	無担保・無保証人
その他	・本特例による債務については、金融検査上自己資本と見做すことができます。 ・本特例による債務については、法的倒産手続きの開始決定が裁判所によってなされた場合、全ての債務（償還順位が同等以下とされているものを除く）に劣後します。
貸付条件など	・公庫が適切と認める事業計画書を提出していただきます。

注　令和2年12月現在

（出典）　日本公庫HPに基づき筆者が作成

(2) 柔 軟 性

> ・事業の柔軟性を高めるためには、「柔軟な働き方の実現」「設備の適正化」
> 「内製／外注の適正化」を推進する必要がある。
> ・柔軟な働き方は「業務運営／労務管理態勢の見直し」「テレワーク・リ
> モートワークの導入・定着」「裁量労働制の適用」、設備の適正化は「設備
> 数・配置／稼働水準の適正化」「設備の柔軟性の確保・向上」、内製／外注
> の適正化は「内製・外注業務の再構築」「仕入・外注先の新規構築／見直
> し」「外部リソースの活用」によって実現される。

　将来にわたって事業の「持続性」を確保するためには、不断の外部環境変化に
適切に対応していくことが不可欠です。

　しかしながら、長い時間をかけて築き上げてきた事業態勢やビジネスモデルを
一朝一夕に変えることは困難であるといえます。だからといって、現行態勢など
に固執すると、外部環境の変化に対応できず、「座して死を待つ」ことになりか
ねません。

　こうしたジレンマを解消していくためには、想定される外部環境変化に順応で
きる「新たな事業態勢やビジネスモデル」を構想し、実現に向けた「具体的取組
みと取組プロセス／スケジュール」を策定して、ある程度時間をかけつつ着実に
取組みを進めていくことが肝要であると考えます。これが、「事業の柔軟性の向
上は中長期的な取組み」としている所以です。

　事業の「柔軟性」を高めていくためには、「人材活用」「設備」「事業態勢」の
あり方を見直し、硬直性を排除して、可変性・拡張性・多様性の高い事業態勢や
ビジネスモデルを構築しなければなりません（図表2−26）。

　以降、これら3項目それぞれについて考えてみたいと思います。

① 課題：「柔軟な働き方の実現」

　人材活用の観点でいうと、事業継続力を高めていくためには「社員のスキル
アップ／モチベーションアップ」とともに、「柔軟な働き方の実現」が不可欠だ
といえます（社員のスキルアップについては、前節で触れました）。

図表 2 −26　事業の「柔軟性」の向上

○外部環境の変化
　・イノベーション／ICT化等が急速に進展
　・需要・ニーズが大きく変化
　・供給構造／サプライチェーンが急速に変化
　・ライフサイクルが短縮化
○内部環境の劣化
　・要員確保が困難
　・スキル／モチベーションの向上が必要
　・設備が老朽化／余剰・遊休化
　・自動化／省力化が必要
　・事業体制／方法が非効率
　・迅速・柔軟なビジネスモデル・業務の変革／態勢
　　整備が必要

人　材
「柔軟な働き方の実現」によ
り要員確保／スキル・モチ
ベーションアップを実現

設　備
「設備の適正化」により設備の
更新・拡充／適正配置、自動
化／省力化／ICT化等を実現

事業体制／方法
「内製／外注の適正化」によ
り効率化、迅速・柔軟な業務
変革／態勢整備を実現

今般の新型コロナウイルス感染症の世界的流行により、全世界で人の移動制限が行われ、テレワークなどの必要性・有効性があらためて認識されたところです。しかしながら、多くの方が、現行の業務運営・労務管理態勢のもとでテレワークなどを導入し、効果を上げることの難しさを同時に痛感したのではないでしょうか。

　「柔軟な働き方」を実現するためには、単にテレワークやリモートワークを導入するだけでなく、「業務運営・労務管理態勢の見直し」「裁量労働制などの適用」とセットで捉え、三位一体で勤務内容と勤務場所・時間を変革しなければなりません（図表2－27－1）。

　「業務運営・労務管理態勢の見直し」に係る具体的な取組みとしては、以下のようなものがあげられます。

1）　新たなビジネスモデル・業務フロー、勤務・労務管理態勢の再構築

　まず、「事業展開のあり方」や「業務の進め方」を抜本的に見直し、「一堂に会して業務を集中的に遂行する」というスタイルから、「時間と場所を有効に活用し、業務を分散して遂行する」というスタイルに変革する。

　そのうえで、変革後のビジネスモデル・業務フローに基づく新たな勤務／労務管理態勢を構築し、円滑な業務運営／労務管理を実現する。

2）　ICTを活用した業務運営・労務管理の推進

　クラウドコンピューティングの活用強化、DaaS（注1）の導入などテレワーク・リモートワークに係る執務環境の整備、ネットワークの強化、業務・労務管理／コミュニケーションに係るアプリケーションやSaaS（注2）の導入・拡充、AI・IoTの導入などICT基盤の強化を図り、以下のような取組みを推進する。

・情報のデータ化／業務の電子化・ペーパーレス化を進め、一堂に会した業務やFace to Faceの業務の削減などを図る。

・工場などのオートメーション化/IoT化を推進し、省人化／3密回避を実現するとともに、情報・データの収集／分析／活用、リモート環境からの遠隔管理・オペレーションなどを進め、生産／販売／サービス提供／物流の効率化を図る。

・コミュニケーションツールの活用などにより、「Face to Faceのコミュニケーション」と「リモートのコミュニケーション」を使い分け、社内外での信頼関係の維持・強化や効率的・効果的な意思疎通を実現する。

図表2-27-1 事業の「柔軟性」の向上 ～柔軟な働き方の実現～

主な課題	具体的な取組み（例）
柔軟な働き方の実現	○業務運営／労務管理態勢の見直し ・ビジネスモデル／業務フローの再構築 ・勤務体制・方法／労務管理態勢の再構築 ・情報のデータ化／業務の電子化・ペーパーレス化の推進 ・ICT基盤の整備・強化 ・工場等のオートメーション化／IoT化の推進 ・IoT等を活用した企画・設計／調達・購買／生産／営業・販売・サービス提供／物流の推進 ・ICTを活用した業務・労務管理／コミュニケーションの推進 ○テレワーク／リモートワークの導入・定着等 ・テレワーク（在宅勤務）の導入・定着 ・リモートワーク（在宅勤務以外の遠隔勤務）の導入・定着 ・サテライトオフィスの設置（シェアオフィスを含む） ・仮想店舗の整備・強化 ・インターネットを活用した映像・音声情報の配信強化 ○裁量労働制等の適用 ・給与体系／勤務評価の再構築 ・年俸制等成果主義の導入・適用拡大 ・副業・兼業の許容拡大 ・時短勤務／フレックスタイム制の導入・推進 ・ワークライフバランスの取組み推進

注1　Desktop as a Service。インターネットを通じて個人PCなどに仮想デスクトップを提供し、当該PCなどから業務システムの操作ができるサービス
注2　Software as a Service。インターネットを通じてアプリケーションソフトウエアの機能を提供するサービス

　また、「裁量労働制などの適用」に係る具体的な取組みとしては、以下のようなものが考えられます。

1）　給与体系／勤務評価の再構築

　特定の職務について、テレワーク・リモートワークを前提に給与体系／勤務評価を見直し、固定的な勤務時間にとらわれない「裁量労働制」や年俸制など成果主義の導入・適用拡大を図る。

2）　多様な働き方の実現

　ワークライフバランスを重視し、時短勤務／フレックスタイム制の導入・拡充を推進して、時間の自律的かつ有効な活用を促す。

　また、副業・兼業の許容拡大、ボランティア活動への支援強化などを進め、多様な仕事やプライベートの活動を通じて幅広い知見・スキルの習得や経験の蓄積を促し、新たな発想に基づく高度な業務遂行が実現されるようにする。

　このうち、「ビジネスモデル／業務フローの再構築」について、もう少しみてみましょう（図表2−27−2）。

　例えば、製造業の場合、量産工場を中心に多くがライン生産方式を導入し、各工員はそれぞれの持ち場で作業や管理・オペレーションを実施しているため、工場操業時には大量の工員が一堂に配置されることになります。しかし、こうした工場が被災したり、移動制限によって出勤できなくなったりすると、操業を縮小・停止しなければならなくなります。

　これに対し、あくまで筆者の私見ですが、量産工場において、以下の取組みを実施すれば、少人数で工場を操業することができると考えます。

・オートメーション化を推進し、作業の自動化・省人化を図る。

・ICTを活用してオフィスや自宅からリモートで管理・オペレーションを行い、現場要員は準備・段取りや障害対応などに特化する。

・夜間・休日を含めて完全シフト制を導入する。

図表2−27−2 事業の「柔軟性」の向上 〜柔軟な働き方の実現〜（続き）

〈ビジネスモデル／業務フローの再構築 イメージ〉
【製造業】

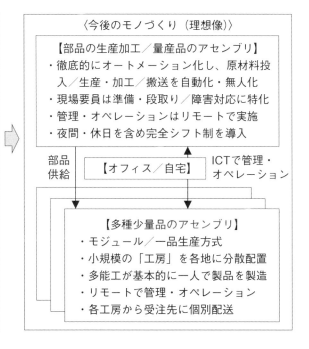

また、多種少量品のアセンブリを行う工場については、小規模の工房を各地に分散配置し、多能工が基本的に一人でモジュール／一品生産を行い、各工房から受注先に製品の個別配送を行うようにすることも考えられます。

　あるいは、小売業においては、従前、「店舗に商品を陳列し、顧客が来店して購入する商品を選び、店員が精算・代金の収受を行い、購入品を顧客が持ち帰る」というスタイルをとってきましたが、これも危機発生時に制約を受けることになります（図表2−27−3）。
　しかし、リアル店舗とオンライン販売を併用し、以下のような取組みを行うことにより、「店舗の省人化・効率化」や「危機発生時などにおける円滑な顧客対応」が実現できると考えられます。
　1）　リアル店舗
・店舗のアンテナショップ化を進め、商品の販売とともに、顧客の需要・ニーズや商品に対する評価に関する情報の収集を推進する。
・在庫・販売管理のICT化／リモート化や購入商品の自動精算・支払化、宅配サービスの拡充を推進する。
・店員は品出しや商品提案を含めた顧客対応に特化する。
　2）　オンライン販売
・品揃え／付帯サービスを強化する。
・リアル店舗との連携を強化し、顧客の需要・ニーズや商品に対する評価を共有して販売促進に反映させる。
・ICTを活用して支払・決済の簡便化を推進する。
・VR（仮想現実）・AR（拡張現実）技術を活用し、顧客の五感による商品・サービスの疑似体感・体験を推進する。
・宅配業者や配達を請け負うアルバイト（例えば、Uber Eatsの配達パートナーのようなもの）などを活用した宅配を強化する。

　以上のような態勢・環境整備を行うことにより、以下のとおり勤務内容や勤務場所・時間が変革され、「柔軟な働き方」が実現されます（図表2−27−4）。

図表 2 −27− 3 　事業の「柔軟性」の向上　〜柔軟な働き方の実現〜（続き）

〈ビジネスモデル／業務フローの再構築　イメージ〉
【小売業】

〈従前の小売〉

・店舗に商品を陳列
・顧客が来店し、購入する商品を選定
・店員は顧客対応・精算を実施
・購入品は基本的に顧客が持帰り

〈今後の小売（理想像）〉

【リアル店舗】
・店舗のアンテナショップ化
・在庫・販売管理のICT化／リモート化
・購入商品の自動精算・支払化
・店員は品出しや顧客対応に特化
・宅配サービスを推進

ICTで情報
共有・連携

顧客

【オンライン販売】
・品揃え／付帯サービスの強化
・リアル店舗との連携強化
・支払・決済の簡便化推進
・VR・ARによる疑似体験・体感の推進
・宅配業者やアルバイトによる宅配の強化

1) 勤務内容

・業務のモジュール化／分散処理化により、過剰な協働が解消される。
・情報のデータ化／事務処理・決裁の電子化により、効率的・効果的な業務遂行が可能になる。
・IoTの活用などにより、生産／販売／物流などの管理やオペレーションがリモートで実施できるようになる。
・打合せ・指示・成果確認における合理化（ムダ・過剰の排除）やICTの活用推進により、効率的・効果的な意思決定やコミュニケーションが可能になる。

2) 勤務場所・時間

・自宅／サテライトオフィスの執務環境整備、モバイル／ネットワーク環境の整備により、テレワーク／リモートワークが可能になる。
・裁量労働制の導入、労務・勤怠管理のリモート化などにより、ワークライフバランスに配慮した多様な働き方が可能になる。

　企業にとっても、こうした変革により、「一堂に会して業務を集中的に遂行する」というスタイルから、「時間と場所を有効に活用して業務を分散し、効率的に遂行する」というスタイルへの転換が図られ、危機発生時における円滑な事業運営のみならず、平時における効率的・効果的な業務遂行が実現されると考えます。

②　課題：「設備の適正化」

　次に、設備面の柔軟性について考えてみます。

　前節で、中小企業における労働装備率が低水準であることや設備生産性が低迷していることに触れましたが、新たな事業展開を円滑に進め、変化する外部環境に適応していくためには、「設備の適正化」を図ることが不可欠です。

　「設備が適正な状況にあるかどうか」を評価するためには、まず、生産／販売／サービス提供／物流に関する管理態勢を強化し、数量・作業時間・品質・設備稼働状況を的確に把握する必要があります。そのうえで、以下の観点から現状及び将来の見通しを分析・評価することが重要です（図表2−28）。

1) 事業所・設備の能力・スペックが、生産／販売／サービス提供に対する要求に質・量とも過不足なく応えられるか。
2) 事業所・設備の能力・スペックが、生産などに対する要求の変化に円滑・適

図表 2 −27− 4　事業の「柔軟性」の向上　～柔軟な働き方の実現～（続き）

勤務内容の変革
・業務のモジュール化／分散処理化
・情報のデータ化／事務処理・決裁の電子化
・IoT活用等による生産／販売／物流等のリモートオペレーション化
・打合せ・指示・成果確認の合理化／コミュニケーションにおけるICTの活用推進

勤務場所／時間の変革
・自宅／サテライトオフィスの執務環境整備
・モバイル／ネットワーク環境整備
・テレワーク／リモートワークの導入
・裁量労働制の導入
・労務・勤怠管理のリモート化

「一堂に会して業務を集中的に遂行する」というスタイルから、「時間と場所を有効に活用して業務を分散し効率的に遂行する」というスタイルへ

ただし、「Face to Faceの濃密な意思疎通による信頼関係の構築・維持」と「ICTを活用した日情的な情報交換」を組み合わせたコミュニケーションが不可欠

切に応えられるか。

1)に係る分析の結果、「現行事業所・設備の能力・スペックと要求水準に乖離がある」と評価される場合は、以下の取組みを行い、「設備数・配置／稼働水準の適正化」を図る必要があります。

・事業所・設備が過剰な場合は、該当事業所・設備の「売却・処分」や「他用途への活用・転用」を行う。

・事業所・設備の能力と需要・ニーズの間にミスマッチがある場合は、該当事業所・設備の「配置見直し」や「再編・集約化」を行う。

・事業所・設備が不足する場合は、該当事業所・設備の「新増設・拡充」を行う。

・事業所・設備が老朽化・陳腐化し要求に応えられない場合は、該当事業所・設備の「更新」を行う。

・事業所・設備が非効率化・高コスト化し要求に応えられない場合は、該当事業所・設備の「自動化・省力化・ICT化」「省エネ化・燃費向上」を推進する。

また、2)に係る分析の結果、「円滑・適切に応えられない」とされる場合は、以下の取組みを行い「設備の柔軟性の確保・向上」を図ることが肝要です。

・事業所・設備の活用／転用の推進

例えば、結婚式場として利用してきた事業所や付帯設備、衣裳・装身具、照明・撮影器具、什器・備品を、冠婚葬祭全般や各種イベント・宴会、映画・テレビ・ＣＭ撮影といった様々な用途で活用できるよう改装・拡充を行うことが考えられる。

・事業所・設備の汎用性／拡張性の確保

例えば、自動車・産業用機械などにおいて、「少品種大量生産」から「多品種少量生産」に転換するため、専用機を配置した製造ラインを廃止し、受注に応じて製造ラインや作業動線を組み替えられるようにして、モデルチェンジや新たな製品の生産に柔軟・円滑に対応できるようにするといった取組みが考えられる。

・事業所・設備の賃借化

例えば、これまで取得あるいはリースしてきた建設用機械について、シェアリングサービスを利用することにより、効率的・効果的な建設用機械の調達・使用を可能にするといったことが考えられる。

図表2-28 事業の「柔軟性」の向上 ～設備の適正化～

主な課題	具体的な取組み（例）
設備の適正化	○設備数・配置／稼働水準の適正化 ・事業所・設備の数量／配置の見直し ・不足する事業所・設備の新増設 ・老朽化／陳腐化した事業所・設備の更新 ・事業所・設備の自動化／省力化／ICT化、省エネ化／燃費向上の推進 ・遊休／余剰事業所・設備の売却／除却 ○設備の柔軟性の確保・向上 ・事業所・設備の活用／転用の推進 ・事業所・設備の汎用性／拡張性の向上 ・事業所・設備の賃借化

1) 設備数・配置／稼働水準の適正化

・要求される生産・販売・サービス提供数量 ・要求される製品・サービスの品質／供給力／価格・コスト	過不足	設備の能力

○不足：設備の増強
 ・設備の新増設／拡充
 ・設備の更新／適正配置
 ・自動化／省力化／ICT化
 ・省エネ化／燃費向上

○過剰：設備の売却／処分

2) 設備の柔軟性の確保・向上

生産・販売・サービス提供に係る内容／数量／品質／供給力／価格・コストに対する要求の変化（想定）	適応性	設備の能力

・事業所・設備の活用／転用の推進
・事業所・設備の汎用性／拡張性の向上
・事業所・設備の賃借化

以上、「設備の適正化」についてみてきました。「設備数・配置／稼働水準の適正化」は当面の対応、「設備の柔軟性の確保・向上」は将来に向けての対応といえますが、「恒常的な設備の適正化」を図るためには、両者を組み合わせて取組みを継続することが有効です。

③　課題：「内製／外注の適正化」

　続いて、事業態勢の柔軟性について、考えてみましょう。

　「自前主義」を標榜し、あらゆる業務を社内で行う（内製する）となると、設備投資が嵩み、固定費負担が過大になることに加え、事業態勢が硬直的になり、外部環境の変化に柔軟に対応できなくなります。

　他方、「ファブレス」「アウトソーシング推進」を標榜し、過度に外注を進めると、柔軟性が向上する反面、「強さの源泉」「付加価値の源泉」を失うことになります。

　したがって、企業の実情と今後の事業方針を踏まえ、内製と外注のバランスを適正にする必要があります。

　図表２−29−１に示すとおり、「内製すべきか」「外注すべきか」を判断する場合には、「恒常的な業務か否か」「現在・将来の中核業務で、強みを活かせるものかどうか」という観点から「内製する業務」と「外注する業務」を見極め、以下の取組みを行うことが必要です。

・内製・外注業務の再構築

　外部・内部環境の変化／今後の事業展開を踏まえて内製業務／外注業務を具体的に設定し、現状とあるべき姿のFit＆Gapを分析して、役割分担・業務フローの再構築を行い、管理態勢を整備・強化する。

　例えば、ロードサイドに多店舗展開してきた洋菓子の製造小売業者が、自社の強みである「洋菓子の開発・製造」に特化し、採算の悪い直営店での販売については、オンライン販売や訴求力の高い喫茶店チェーンへの販売に切り替える。その際、オンライン販売などの管理態勢を整備するとともに、一部直営店を当該喫茶店チェーンに賃貸し、店舗の業容・業態を転換する、といった取組みが考えられる。

・仕入・外注先の新規構築／見直し

　仕入・外注先の管理態勢を強化するとともに、方針に基づき新たな仕入・外注

図表 2 −29− 1　事業の「柔軟性」の向上　〜内製／外注の適正化〜

主な課題	具体的な取組み（例）
内製／外注の適正化	○内製・外注業務の再構築 ・外部・内部環境の変化／今後の事業展開を踏まえた内製業務／外注業務の設定 ・Fit & Gap分析／役割分担・業務フローの再構築 ・企画・設計・開発／調達・購買／生産／販売・サービス提供／物流に関する管理態勢の整備・強化 ○仕入・外注先の新規構築／見直し ・仕入・外注先の管理態勢の強化 ・新たな仕入・外注先の構築 ・既往仕入・外注先の活用強化／見直し ○外部リソースの活用 ・企画・設計・開発／間接業務に係る連携先の管理態勢の強化 ・新たな連携先の構築 ・既往連携先の活用強化／見直し

		業務頻度	
		恒常的な業務	スポット的な業務
業務内容	現在／将来の中核業務で、強みを活かせるもの	人材／設備／態勢を整備・強化して内製	人材／設備／態勢が整備された協力会社に外注
	上記以外の業務	人材／設備／態勢が整備された協力会社に外注	人材／設備／態勢が整備された協力会社以外に外注

先の構築、既往仕入・外注先の活用強化／見直しを推進する。

　例えば、多店舗展開するDIY店が、自社ブランド品の開発・販売を強化するとともに既往の仕入先・外注先の見直しを行い、売れ筋商品の品揃え強化や工事・付帯サービスの強化を図る、といった取組みが考えられる。

・外部リソースの活用

　企画・設計・開発／間接業務を効率的・効果的に進めるため、連携先の管理態勢を強化するとともに、方針に基づき新たな連携先の構築、既往連携先の活用強化／見直しを推進する（図表2－29－2）。

　例えば、高齢者向けの安否確認サービスを運営する業者が、オペレーターの確保・育成、新たな高齢者向けサービスの開発、ICT環境の拡充を図るため、人材コンサルタント／医療福祉サービス業者／システム会社とアライアンスを締結し、共同事業の強化・推進を図る、といった取組みが考えられる。

　仕入・外注先／連携先の活用にあたっては、人材／設備／態勢の観点から有力・有能な仕入・外注先／連携先を特定し、発注内容・形態、役割分担／連携・コミュニケーション態勢などを具体的に設定してアライアンスを締結することが肝要です。ここが曖昧になると、円滑な事業運営・業務遂行に支障を来すだけでなく、トラブルや将来の禍根につながりかねません。

図表２－29－２　事業の「柔軟性」の向上　～内製／外注の適正化～（続き）

【仕入・外注先／連携先の活用】

		人材	設備	態勢
事業	企画・設計・開発	企画・設計・開発会社、研究機関		
		人材派遣	業務請負／サポート	
	生産／販売・サービス提供／物流	仕入・外注先		
		人材派遣 構内作業	業務請負	
経営管理	経営／財務／採用・能力開発	コンサルタント等		
		人材派遣	業務請負／サポート	

(3) 成長性

> ・事業の成長性を高めるためには、「ライフサイクルの若返り／競合の回避」「ビジネスモデル／アライアンスの強化・再構築」「有用な技術・ナレッジの強化」を推進する必要がある。
>
> ・ライフサイクルの若返り／競合の回避は「成長市場の開拓／新たな収益事業の構築」「成熟・衰退事業の改革・改善／縮小・撤退」、ビジネスモデル／アライアンスの強化・再構築は「新たなビジネスモデル／アライアンスの設定」「強みのさらなる強化／活用推進」「弱みの克服／強みへの再構築」、有用な技術・ナレッジの強化は、「研究開発の推進」「技術・ナレッジの可視化・組織化推進」「情報・データの活用強化」によって実現される。

当面の安全性、中長期的な柔軟性が確保されたとしても、成長性が期待できなければ、将来に向けた事業継続は覚束なくなります。

ただ、「10年後・20年後やその先の外部環境／需要・ニーズ／供給構造がどのようになっているか、想像もできない」という方も少なくないでしょう。確かに、蓋然性の高い未来予想図を明確にすることは困難です。

しかしながら、具体性はなくても「こんな感じ」と想像し、社員やステークホルダーと共有・合意して、将来の事業の方向性を定めることならできます。仮に、想像どおりにならなくても、「柔軟性」があれば適時適切に軌道修正し、順次具体化していけばよいのです。

未来予想図が描けなければ、将来に向けた企業の方向性が明確にならず、結局、場当たり的な経営・事業運営になってしまいます。筆者は、将来のビジョンを明確にすることは、経営者の責務であると考えます（図表2−30）。

① 課題：「ライフサイクルの若返り／競合の回避」

現在対象としている市場・分野は、未来永劫、成長し続けるわけではありません。特に成熟市場を対象としている企業の場合、機会が乏しい反面、脅威が日に日に増し、このままでは事業が立ち行かなくなるのではないかと危惧する経営者

図表2－30　事業の「成長性」の向上

【とある「自動車のエンジン部品メーカー」の場合】

【安全性】
・エンジン部品の比率／系列取引先の比率を引き下げた
・生産拠点の再編を行い、特定の国・地域への依存度を引き下げた
・セキュリティ／ガバナンス／危機対応／リスク管理の強化を図った
・収益が向上し、自己資本の充実／資金繰りの円滑化が図られた
【柔軟性】
・柔軟な働き方を実現し、危機や外部環境変化への対応力が高まった
・設備の適正化を図り、設備能力の適正化、設備の柔軟性確保を実現した
・内製・外注の適正化を図り、外部環境変化への対応力が高まった

ところが、

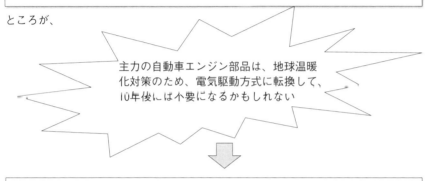

主力の自動車エンジン部品は、地球温暖化対策のため、電気駆動方式に転換して、10年後には不要になるかもしれない

【10年後を見据えた「未来予想図」】

・将来の需要拡大を見据え「ロケットエンジンの製造」に進出する
・製造にあたっては、現行設備／技術・ナレッジを活用・拡充する
・受注先は、JAXAや海外の宇宙開発機関にアプローチして構築する
・具体的には、何もわからないけど、これから詰めていく

【社員・ステークホルダー】
・えー！　大丈夫なの？
・構想どおりにうまくいかなかったとき、どうするの？
・投資に必要な調達はどうするの？
・ドラスティックに舵をきって、経営はうまくいくの？
・事業継続は維持されるの？

・大丈夫です
・何とかなります
・柔軟に軌道修正します
・資金力があります

「まあ、安全性・柔軟性が高いから、何とかなるか」（共有・合意）
「将来のビジョンが示されて、とりあえず安心した。将来も大丈夫かな」

が少なくないと思います。

　また、現在成長期にある市場・分野を対象としていても、イノベーションやICT化などの進展に伴い、「ライフサイクルの高齢化」が急速に進み、あっという間に成熟・衰退するかもしれません。

　10代・20代の方はご存知ないかもしれませんが、バブル期、ポケベルという利器があり、われわれ世代は、不倫OLの切ない想いを描いたドラマに涙したものです。その後、小型・軽量の携帯電話が普及し、ポケベルが一掃されたかと思っているところに、今度はスマートフォンが登場して市場を席巻し、今や携帯電話が「ガラケー」と揶揄され、パソコンをも凌駕しつつあります。今後、ウェアラブル端末が進化しVR・ARなどが浸透してくると、スマートフォンも消えていくかもしれません。

　「イノベーション・ICT化などの進展に伴い、需要・ニーズが急速に多様化・高度化し、それに対応する製品・サービスが次々に現れる。そうした循環の中で、ライフサイクルがどんどん短くなる」という流れが強まっていますが、誰もこれを止めることはできません。したがって、将来に向けて事業継続力を高めていくためには、「成長市場の開拓／新たな収益事業の構築」により「ライフサイクルの若返り」を図ったり、「成熟・衰退事業の改革・改善」「成熟・衰退事業の縮小／当該事業からの撤退」により「競合の回避」を図ったりすることが重要と考えます（図表2−31）。

　いずれの方向性を指向するとしても、対象とする市場の分析・評価を行い「機会」と「脅威」を見極めたうえで、以下の取組みを行うことが肝要です。

・成長市場の開拓／新たな収益事業の構築
　製品・サービスの機能／性能／効用の向上を図り、新市場での事業展開、既往市場での新製品・サービスの投入、既往市場での事業多角化／高度化、既往市場から新市場への転換を推進して、需要を獲得する。

　例えば、3密を防止しつつ臨場感や一体感を創出するため、VR／ARを活用した音楽・演劇・スポーツ中継のライブ配信事業に進出したり、都心の高級レストランが、販売促進／固定費負担軽減のため、キッチンカーによる弁当販売／宅配サービスを新たに始めたり、といった取組みが考えられる。

図表2-31　事業の「成長性」の向上　～ライフサイクルの若返り／競合の回避～

主な課題	具体的な取組み（例）
ライフサイクルの若返り／競合の回避	○成長市場の開拓／新たな収益事業の構築 　・既往市場／新たな成長市場の分析・評価 　・新市場での事業展開の検討・実施 　・既往市場での新製品・サービス投入の検討・実施 　・既往市場での事業多角化／高度化の検討・実施 　・既往市場から新市場への転換の検討・実施 ○成熟・衰退事業の改革・改善／縮小・撤退 　・既往市場の分析・評価 　・既往市場での製品・サービスの拡充の検討・実施 　・既往市場での事業多角化／高度化の検討・実施 　・既往市場での残存者利益獲得の検討・実施 　・既往市場での事業縮小／撤退の検討・実施

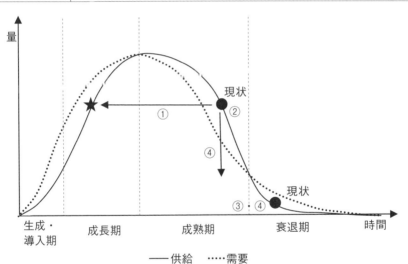

【ライフサイクルの若返り】
①成長市場の開拓／新たな収益事業の構築：製品・サービスの機能／性能／効用の向上による需要の獲得
【競合の回避】
②成熟事業の改革・改善：製品・サービスの品質／供給力／価格力の向上による需要の獲得
③衰退事業の改革・改善：製品・サービスの機能・性能・効用／品質／供給力・価格力の維持による需要の獲得（残存者利益の獲得）
④成熟・衰退事業の縮小／当該事業からの撤退

・成熟事業／衰退事業の改革・改善

　製品・サービスの品質／供給力／価格力の向上を図り、既往市場での製品・サービスの拡充／事業多角化・高度化／残存者利益の獲得を推進して、需要を獲得する。

　例えば、巣籠りやインドア派のニーズに応えてプラモデル／ロボットの製作キット／ボードゲームの開発・製造・販売を強化したり、マニア向けのパソコンキットの製造販売に特化したり、レコードプレーヤーやレコード針の製造販売を継続したり、といった取組みが考えられる。

・成熟・衰退事業の縮小／当該事業からの撤退

　例えば、食品スーパーやファミリーレストランにおいて、宅配サービス／オンライン販売の強化など業容・業態の転換を図るとともに、リアル店舗での販売を縮小するといった取組みが考えられる。

② 　課題：「ビジネスモデル／アライアンスの強化・再構築」

　ライフサイクルの若返り／競合の回避を図るため、新たな事業展開の方向性が設定されたところで、次に「それを実現するための態勢整備をどうするか」を考えなければなりません。

　事業展開の方向性とそれを実現する態勢整備の方向性は、以下の4パターンに分類されます。

・事業拡大パターン：「強み」を活かして「機会」を獲得

・事業差別化パターン：「強み」を活かして「脅威」を回避

・事業転換パターン：「弱み」を克服して「機会」を獲得

・合理化・効率化／縮小均衡パターン：「弱み」を克服して「脅威」を回避

　ただ、外部環境／内部環境が大きく変化する中、「機会」「脅威」と同様、「強み」「弱み」も今後大きく変化することが想定されます。したがって、将来の「成長性」を検討するにあたっては、「将来の機会／脅威」「将来の強み／弱み」を推定して、新たな事業展開と態勢整備を考える必要があります。

　具体的には、新たな業務内容／業務プロセス・フロー／事業態勢の設定や新たなビジネスモデルを踏まえた外部リソース活用の検討を行ったうえで、将来に向けて以下の取組みを進めていくことが肝要です（図表2−32）。

図表 2 −32　事業の「成長性」の向上
　　　　　〜ビジネスモデル／アライアンスの強化・再構築〜

主な課題	具体的な取組み（例）
ビジネスモデル／アライアンスの強化・再構築	○新たなビジネスモデル／アライアンスの設定 　・新たな業務内容／業務プロセス・フロー／事業態勢の設定 　・新たなビジネスモデルを踏まえた外部リソース活用の検討 ○「強み」のさらなる強化／活用推進 　・成長性・将来性が見込まれる事業に係る能力／態勢の増強 　・「強み」を活かした事業展開のためのビジネスモデルの強化 　・「強み」を活かした事業展開のためのアライアンスの強化 ○「弱み」の克服／「強み」への再構築 　・成長性・将来性が見込まれる事業に係る能力／態勢の見直し 　・「弱み」を克服するためのビジネスモデルの再構築 　・「弱み」を克服するためのアライアンスの再構築

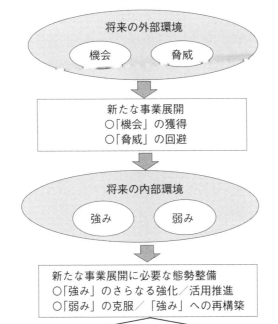

1) 「強み」のさらなる強化／活用推進

・成長性・将来性が見込まれる事業に係る能力／態勢の増強

　例えば、サービス付き高齢者向け住宅の運営やケアサービスを手掛ける業者が、要員の確保とともに住宅・事業所や設備の増強を図り、自立から介護まで一貫してサービス提供できるようにする、といった取組みが考えられる。

・新たな事業展開のためのビジネスモデル／アライアンスの強化・活用推進

　例えば、地域の開業医が、オンライン診療を開始・拡充するため、カルテの電子化／診療・投薬データの蓄積／ICT環境の整備を図るとともに、他地域を含めた病院間のアライアンスを強化する、といった取組みが考えられる。

2) 「弱み」の克服／「強み」への再構築

・成長性・将来性が見込まれる事業に係る能力／態勢の見直し

　例えば、従前小学生向けに4教科を教えていた学習塾が、英語・プログラミングの講師を確保・養成し、講義の幅を広げるとともに、小学校などからの要請に基づいて講師を派遣できるようにする、といった取組みが考えられる。

・新たな事業展開のためのビジネスモデル／アライアンスの再構築

　例えば、家具の製造販売業者が、既往市場での競合を回避するため、選択と集中／外部資源の活用を進め、弱みの家具販売をアライアンス先のホームセンターや住設メーカー・リフォーム業者に委託する、といった取組みが考えられる。

③　課題：「有用な技術・ナレッジの強化」

　イノベーションやICT化・デジタライゼーションが著しく進展し、需要・ニーズの多様化／高度化、供給構造・サプライチェーンの変化が加速する中、革新的な技術やICT（AI・IoTなど）を導入して新たな事業展開を行う必要性・有効性が高まっています。

　他方、「技能・ノウハウの属人化、ICTスキル／コンセプチュアルスキルの低下、設備やビジネスモデルの劣化という内部環境上の問題から、新たな事業展開が難しい」という企業が少なくないと考えられます。

　外部環境の変化によって、新たな「機会」「脅威」が生まれ、これを「獲得」あるいは「回避」していくことが、事業継続上不可欠になるため、以下のような取組みを行い、「有用な技術・ナレッジの強化」を図っていくことが肝要です（図表2-33-1、2）。

図表2−33−1 事業の「成長性」の向上 〜有用な技術・ナレッジの強化〜

外部環境の変化
・イノベーション／ICT化・デジタライゼーションの進展
・需要・ニーズの多様化／高度化
・供給構造／サプライチェーンの変化

内部環境の変化
・技能・ノウハウの属人化
・ICTスキル／コンセプチュアルスキルの低下
・設備／ビジネスモデルの劣化

革新的な技術／ICT（AI・IoT等）の導入による新たな事業展開／態勢整備の必要性

○新たな事業展開／態勢整備に必要な研究開発の推進
○知識集約型への業容・業態転換／ICT・技術・ナレッジ活用基盤の整備拡充
○技術・ナレッジの可視化・データ化／蓄積・共有化／活用強化
○情報・データの収集／分析／活用の強化

1) 研究開発の推進

まず、要員の確保・スキルアップ／設備の拡充／アライアンス・アウトソーシング活用の強化を図り、研究開発能力の向上を進める必要があります。

そのうえで、製品開発の基本となる要素技術／製品化に向けた応用・実用化技術の確立、円滑・効率的に生産するための製法・生産技術の構築を推進し、事業化を進めなければなりません。

2) 技術・ナレッジの可視化・組織化の推進

労働集約型の業容・業態から技術・ナレッジを「強さの源泉」とする「知識集約型」へ転換し、ビジネスモデルを再構築することが重要です。

また、技術・ナレッジの業務活用に向けて、ICT基盤／技術・ナレッジ活用基盤の整備・拡充を図り、属人的・暗黙知的な技能・ノウハウの可視化・形式知化、可視化された技術・ナレッジの蓄積／共有／活用を推進することが有効です。

3) 情報・データの収集／分析／活用の強化

デジタライゼーションを実現するためには、まず、データ活用態勢／基盤の整備・拡充を図らなければなりません。そのうえで、情報・データの収集／分析を強化し、データ活用による高度な事業の推進を実現します。

以上、事業の「成長性」についてみてきましたが、「ライフサイクルの若返り／競合の回避」「ビジネスモデル／アライアンスの強化・再構築」「有用な技術・ナレッジの強化」を着実に進めることにより、「未来予想図」の妥当性・実現可能性が高まり、将来に向けた事業の成長性が向上することになります。きっと、某音楽ユニットの名曲のように、「ずっと心に描く未来予想図は、思ったとおりに叶えられていく」ことでしょう。

図表2－33－2　事業の「成長性」の向上　～有用な技術・ナレッジの強化～（続き）

主な課題	具体的な取組み（例）
有用な技術・ナレッジの強化	○研究開発の推進 ・今後の事業展開／態勢整備を踏まえたテーマの設定 ・研究開発態勢の強化（要員の確保・スキルアップ／設備の拡充／アライアンス・アウトソーシング活用の強化） ・要素技術の確立／応用・実用化技術の構築 ・事業化に向けた試作・テストの推進 ・本格稼働に向けた試行の推進 ○技術・ナレッジの可視化・組織化の推進 ・知識集約型への業容・業態転換 ・ICT基盤／技術・ナレッジ活用基盤の整備・拡充 ・技能・ノウハウの可視化／データ化の推進（形式知化） ・可視化／データ化された技術・ナレッジの蓄積／共有、事業展開／態勢整備への活用強化（組織知化） ○情報・データの収集／分析／活用の強化 ・データ活用による高度な事業展開を実現する態勢の整備・強化（業務内容・フローの再構築／要員の確保・スキルアップ／アライアンス・アウトソーシング活用の強化） ・データ活用基盤の整備・拡充 ・情報・データの収集／分析の強化 ・情報・データを活用した高度な事業の効率的展開の推進

4　事業の「付加価値生産性」の向上

（1）　採 算 性

・事業の採算性を高めるためには、「売上単価の引き上げ」「変動費の削減」を推進する必要がある。

・売上単価の引き上げは「製品・サービスの開発／拡充」「営業・販売方法の見直し」、変動費の削減は「原価管理の強化」「仕入・外注の見直し」などによって実現される。

　前節で申し上げた「事業の持続性を向上させるための取組課題」を踏まえ、本節では「事業の付加価値生産性を向上させるために何をしなければならないか」ということについて考えたいと思います。

　本章の冒頭でも触れましたが、「事業展開と態勢整備をスパイラル的に進めることにより、持続性と付加価値生産性の双方が相乗的に向上していく」と筆者は考えています。

　すなわち、高い安全性と柔軟性を備えた経営資源を強みに「採算性」「効率性」の高い事業展開を行うとともに、外部環境の変化を踏まえて新たな事業展開を指向し、そのために必要な態勢の整備・強化を図ることによって「成長性」が高まり、さらなる収益基盤の強化が図られる、というものです。

　このように、「持続性」と「付加価値生産性」は、密接不可分な関係にあるといえます（図表2－34）。

　今般の新型コロナウイルス禍において、われわれは、移動制限に伴う経済活動の停滞やウィズコロナによる回復の遅れを痛感しました。いくら事業の持続性が確保されていたとしても、一定水準以上の付加価値生産性がなければ、事業継続は困難になります。

　付加価値生産性を高め、収益力を向上させなければ、「事業の持続的発展を実現することはできない」と肝に銘じなければなりません。

図表 2-34 事業の「付加価値生産性」を高めるために

○事業の「持続性」を向上させるための取組課題

【「安全性」向上に係る課題】
・特定事業／取引先／国・地域への依存度の引き下げ
・セキュリティ／ガバナンス／危機対応／リスク管理の強化
・自己資本の充実／資金繰りの円滑化

【「柔軟性」向上に係る課題】
・柔軟な働き方の実現
・設備の適正化
・内製／外注の適正化

【「成長性」向上に係る課題】
・ライフサイクルの若返り
・ビジネスモデル／アライアンスの強化・再構築
・有用な技術・ナレッジの強化

○事業の「付加価値生産性」を向上させるための取組課題

【「採算性」向上に係る課題】
〈売上単価の引き上げ〉
・製品・サービスの開発／拡充
・営業・販売方法の見直し
〈変動費の削減〉
・原価管理の強化等
・仕入・外注方法の見直し

【「効率性」向上に係る課題】
〈売上数量の増加〉
・リードタイムの短縮
・要員確保・活用強化
・社員のスキルアップ／モチベーションアップ
・設備の増強・見直し
・事業体制／方法の強化・見直し
〈固定費の削減〉
・合理化・効率化の推進
・給与体系・水準の見直し
・設備関係費用等の適正化

① 課題：「製品・サービスの拡充などによる売上単価の引き上げ」

　図表２−35−１に示すとおり、製品・サービスの販売単価は、「同様の機能などが得られる競合／代替製品・サービスの価額」「機能などにおける競合／代替製品・サービスとの優劣度合い」「品質・供給面でのニーズ充足度」によって決定されます。

　このうち、「競合／代替製品・サービスの価額」は他律的に決まりますので、販売単価を上げるためには、「機能などにおける競合／代替製品・サービスとの優劣度合い」「品質・供給面でのニーズ充足度」を上げなければなりません。

　したがって、売上単価を引き上げるためには、以下の取組みを行うことが必要であり、こうした取組みによって製品・サービスの機能／性能／効用、品質／供給力が強化され、付加価値の向上が実現されます。

　1)　製品・サービスの開発／拡充

・新たな機能／性能／効用を具備した製品・サービスを開発し、市場に投入する。

・既往製品・サービスの機能／性能／効用を拡充し、競合品や代替品との差別化を図って、競争力を強化する。

・既往製品・サービスの品質／供給力を改善・拡充し、競合品や代替品に対する比較優位を形成して、競争力を強化する。

・製品の保証・メンテナンス、他の製品・サービスとのコラボレーションなど付帯サービスを拡充し、競合品や代替品との差別化を図って、競争力を強化する。

　2)　営業・販売方法の見直し

・顧客の課題を的確に把握し、問題解決に向けたソリューションを提案する営業を組織的に推進し、付帯サービスなどを含めた総合的な対応によって、１顧客当たりの受注・販売額をアップさせる。

・製品・サービスの独自性などを高めたり、販売先との間で優位な力関係を維持・構築したりすることにより、値引き／コストダウン要請を回避する。

　このうち、製品・サービスの機能などの向上について、もう少しみてみましょう（図表２−35−２）。

　現状において、競合製品などと比較して機能・性能・効用／品質・供給力の優劣が拮抗している場合には、販売単価はおおむね同水準になりますが、需要・ニーズが多様化・高度化し、機能などに対する要求レベルが上がってきた場合、

図表2－35－1 事業の「採算性」の向上 ～売上単価の引き上げ～

主な課題	具体的な取組み（例）
売上単価の引き上げ	○製品・サービスの開発／拡充 ・新たな製品・サービスの開発 ・既往製品・サービスの機能／性能／効用の拡充 ・既往製品・サービスの品質／供給の改善・拡充 ・付帯サービス等の拡充 ○営業・販売方法の見直し ・ソリューション提案型営業の推進 ・付帯サービス等を含めた総合的な対応による付加価値の向上 ・値引き／コストダウン要請の回避

製品・サービスの販売単価	＝	同様の機能等が得られる競合／代替製品・サービスの価額	×	機能等における競合／代替製品・サービスとの優劣度合い	×	品質・供給面でのニーズ充足度

これに応えられれば、販売単価のアップを享受できます。

　すなわち、「多少高くてもいいから、以下のようなニーズに応えてほしい」といった需要・ニーズを取り込むことにより、高単価で販売できると期待されます。

・「製品・サービスの独自性を高め、他にはない機能・性能がほしい」
・「他の製品・サービスに比べて、より高い便益・満足を得たい」
・「過酷な環境下でも品質が保持されるよう、もっと耐久性を高めてほしい」
・「自然災害が発生したり、感染症などによって移動が制限されたりしても、着実に安定供給してほしい」

　また、「ソリューション提案型営業の推進」も有効であると考えます。

　「こんにちは、ミカワ屋です」とサンペイさんが足しげくイソ○家に通い、愚直に「御用聞き」をするというスタイルは、それ自体素晴らしいのですが、以下のような問題があり、効率的・効果的な営業とはいえません。

・属人的・場当たり的な営業のため、顧客の「需要・ニーズの掘り起し」「課題の把握」が難しく、「有効な提案」ができない。
・自社の供給態勢に制約があり、顧客の需要・ニーズに十分応えられない。

　他方、以下の取組みを行ったうえで、「ソリューション提案型営業」を行うと、顧客の需要・ニーズの掘り起し／課題の把握、有効な顧客提案を的確に実施できるようになり、広範かつ高度な顧客対応が可能となるため、「効率的・効果的な営業」が実現されます（図表２−35−３）。

　　1)　**営業態勢の再構築による顧客提案力の強化**
・顧客情報の活用態勢の強化
・顧客情報（現状・今後の見通し／課題／具体的な需要・ニーズ）の組織共有
・営業方針・戦術／具体的対応の組織決定
・顧客の課題対応／問題解決に資するソリューション提案の作成・実施

　　2)　**供給態勢の再構築による顧客対応力の強化**
・製品・サービスの拡充
・生産／販売・サービス提供／物流態勢の強化
・外部リソースとのアライアンスの強化

図表２－35－２　事業の「採算性」の向上　～売上単価の引き上げ～（続き）

製品・サービスの開発／拡充により、製品・サービスの「機能／性能／効用」「品質／供給力」が向上

	競合／代替製品・サービスとの比較優位
機能・性能	・機能・性能が全般的に優れている ・他にはない独自の機能・性能を備えている ・幅広い機能を備えている／多様な環境で性能が保持される ・今後、機能・性能の付加／拡充が見込まれる ・機能・性能の内容／水準が保持される期間が長い ・将来にわたって機能・性能の向上が見込まれる
効用	・高い機能・性能を享受でき、より高い便益・満足が得られる ・ブランド力が高く、より高い満足が得られる ・付帯サービスがあり、より高い便益が得られる
品質	・製品・サービス間の差異が少なく、消費・利用に支障がない ・製品・サービスの品質保持期間が長く、安心して消費・利用できる ・過酷な環境下でも品質が保持され、安心して消費・利用できる
供給	・製品・サービスが迅速／確実に供給・提供される ・小口・多頻度でも確実に供給・提供される ・災害・事故等が発生しても、安定して供給・提供される

機能・性能・効用における優位性／品質・供給面でのニーズ充足度がアップ

例えば、イソ○家の若奥さん（サザ○さん）が「主人（マス○さん）が脱サラして、居酒屋を開業しようとしているんだけど…」とサンペイさんに問い掛けたとします。

　「御用聞き」しかしないサンペイさんであれば、「自分の仕事とは関係ない」と思い、「そうですか」で終わってしまうかもしれません。

　ところが、ミカワ屋酒店が「ソリューション提案型営業」を標榜し、態勢整備を推進して、社員に実践を徹底していたとすると、有能なサンペイさんは、以下のような営業をすることでしょう。

　「そのお話、もっと詳しく教えていただけませんか。

　弊社（ミカワ屋酒店）はもともと業務用酒類販売も手掛けており、ビールメーカーや酒造会社への仕入ルートがあります。また、飲食店コンサルタントとアライアンスを締結しているほか、最近、ハナ○○不動産さんとも業務提携して、貸店舗物件のあっせん・紹介もできます。○○信用金庫のあさひが丘支店とも取引がありますので、資金調達のこともつなぐことができます。

　お伺いしたお話を社長（ミカワ屋の主人）に報告し、ハナ○○さんほか連携先にも相談して提案書を作成し、居酒屋開業をご支援したいと思います」

　この提案に妻の実家で暮らすマス○さんが乗っかり、サンペイさんが、逡巡するサザ○さんをはじめイソ○家の説得に成功したとします。そうなれば、ミカワ屋酒店は業務用酒類の新規販売先を構築するとともに、ハナ○○不動産などから紹介手数料を得、イソ○家に対する売上の何百倍もの果実（付加価値）を獲得することになるでしょう。

図表2−35−3　事業の「採算性」の向上　〜売上単価の引き上げ〜（続き）

【ソリューション提案】

○営業態勢の再構築による顧客提案力の強化
・顧客情報の活用態勢の強化
・顧客情報（現状・今後の見通し／課題／具体的な需要・ニーズ）の組織共有
・営業方針・戦術／具体的対応の組織決定
・顧客の課題対応／問題解決に資するソリューション提案の作成・実施

○供給態勢の再構築による顧客対応力の強化
・製品・サービスの拡充
・生産／販売・サービス提供／物流態勢の強化
・外部リソースとのアライアンスの強化

広範かつ高度な「顧客の需要・ニーズ（潜在的なものを含む）」に
対し、的確に対応することにより、受注が増加／付加価値が向上

〈御用聞き〉

○属人的・場当たり的な営業
　では、「需要・ニーズの掘
　り起こし」「課題の把握」
　「有効な提案」が難しい

○自社の供給態勢に制約があ
　り、顧客の需要・ニーズに

〈ソリューション提案〉

○組織的な営業により、的確な
　「需要・ニーズの掘り起こし」
　「課題の把握」「有効なソ
　リューション提案」が可能に

○製品・サービスの拡充／アラ
　イアンスの強化等により供給
　態勢が強化され、広範かつ高
　度な顧客対応が可能に

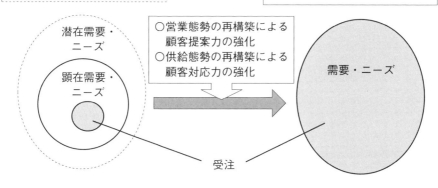

② 課題：「変動費の削減」

　売上単価が変わらなくても、単位当たり変動費が低減すれば、単位当たりの付加価値額がアップし、採算性が向上することになります。

　売上単価を上げることは容易ではありませんが、以下の取組みにより合理化・効率化を進めることで、変動費の削減が実現されます（図表2－36）。

1）　原価管理の強化など

・原価管理を強化し、仕入原価・原材料費・外注加工費・製造経費といった変動費の見積りが適正に行われるようにする。

・原価管理を強化し、原材料消費量／外注量／燃料・消耗品などの利用・消費量についてムダや過剰を削減する。

・生産管理・品質管理を強化・徹底し、歩留りの向上／不良率の引き下げを図る。

・設備や事業態勢を点検し、事業所・設備の省エネ化／燃費向上を推進して、燃料費・光熱費などの削減を図る。

・外注加工費・製造経費などを点検し、固定費的な支出の削減／変動費化を進め、変動費の適正化を図る。

2）　仕入・外注の見直し

・仕入・外注・購買先管理を強化し、仕入・外注・購買単価や仕入・外注・購買数量、支払条件の適正化を図る。

・仕入・外注・購買先の能力・経営状況などを評価し、新たな仕入・外注・購買先との取引関係構築、既往の仕入・外注・購買先との取引見直しを推進する。

・原価管理や価格調査を徹底し、原材料・外注単価などの引き下げ要請を強化する。

図表 2 −36　事業の「採算性」の向上　〜変動費の削減〜

主な課題	具体的な取組み（例）
変動費の削減	○原価管理の強化等 　・原価その他変動費の見積りの適正化 　・原材料消費量／外注量／燃料・消耗品等の利用・消費量の削減 　・歩留りの向上／不良率の引き下げ 　・事業所・設備の省エネ化／燃費向上の推進 　・固定費的な外注加工費・製造経費等の削減／変動費化 ○仕入・外注の見直し 　・仕入・外注・購買先管理の強化 　・仕入・外注・購買先の見直し 　・原材料・外注単価等の引き下げ要請の強化

(2) 効 率 性

> ・事業の効率性を高めるためには、「リードタイムの短縮」を推進し、「売上
> 数量の増加」「固定費の削減」を図る必要がある。
> ・リードタイムを短縮し、売上数量の増加を図るためには、「要員確保・活
> 用強化」「社員のスキルアップ／モチベーションアップ」「設備の増強／見
> 直し」「事業体制・方法の強化／見直し」を推進する必要がある。
> ・固定費の削減は、上記取組みに加え、「合理化・効率化の推進」「給与体
> 系・水準の見直し」「設備関係費用の適正化」などによって実現される。

① 課題：「事業態勢の強化・再構築による売上数量の増加」

　事業の効率性を高めるためには、「リードタイムの短縮」が不可欠で、これを
実現することにより、「売上数量の増加」や「固定費の削減」を図ることができ
ます（図表2−37）。

　リードタイム短縮の必要性については、本章第2節でお話ししましたので、こ
こでは「リードタイムを短縮するために、何をすべきか」「リードタイムの短縮
などによって、いかに売上数量を増加させるか」ということについて、申し上げ
たいと思います。

　業務効率を上げ、リードタイムを短縮するためには、以下の取組みを行う必要
があります（図表2−38−1）。

　1) 要員確保・活用強化

・新卒・中途採用を推進して有能な社員を確保し、新たな事業展開や態勢整備を
　効率的に進められるようにする。

・外部人材の受入を強化し、社員を補完して新たな事業展開や態勢整備に活用す
　ることにより、迅速・円滑な業務遂行を実現する。

・ダイバーシティを推進し、多様な人材を新たな事業展開や態勢整備に活用する
　ことによって、効率的・効果的な業務遂行を実現する。

　2) 社員のスキルアップ／モチベーションアップ

・能力開発態勢を強化し、社員のテクニカルスキル・ヒューマンスキル・コンセ
　プチュアルスキルの養成を図る。

図表 2 −37　リードタイムの短縮による「売上数量の増加」「固定費の削減」

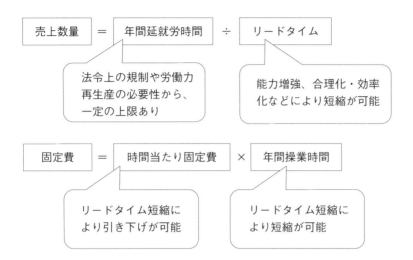

・各社員の資質・適性を踏まえ、新たな事業展開・態勢整備において必要とされる知見・スキル・経験を考慮して、社員ごとに教育プラン／スキルマップを策定し、効率的・効果的な能力開発を実現する。

・各社員の教育プランに基づいてOJT／研修／自己啓発支援（通信教育・資格取得）を推進し、効率的・効果的なスキルアップを図る。

・各社員の勤務実績・能力行動が適切に評価されるよう、勤務評価を改善し、結果を適切に登用・昇進・昇給へ反映させて、社員のやる気を引き出し高めるようにする。

・納得感が高い給与体系・水準を構築するとともに、処遇・福利厚生・職場環境を改善し、社員のモチベーションアップにつなげる。

3）　設備の増強／見直し

・生産／販売・サービス提供／物流に係る事業所・設備の増強を推進し、業務の効率化を図る。

・設備の自動化／省力化／ICT化を推進し、業務の効率化を図る。

・事業所の立地／設備の配置の見直しを進め、ムダの排除／効率化を図る。

4）　事業態勢（体制・方法）の強化／見直し

・権限・責任・役割分担／指揮命令系統の明確化を推進し、業務が迅速・円滑に進むようにする。

・社内外の連携／コミュニケーションの改善・緊密化を図り、業務が円滑かつ効果的に進むようにする。

・マニュアル／作業標準を整備し実施を徹底することにより、業務が円滑・効率的に進むようにする。

・生産・販売計画の策定／管理を徹底し、業務が効率的・効果的に進むようにする。

・新たな製法・技術の構築／既往の製法・技術の改善を推進し、生産・販売などに係る作業時間の短縮を図る。

・生産内容／品揃え／サービス内容の拡充・見直しを推進し、生産・販売・サービス提供に係る作業時間・非作業時間（準備・段取り／手空き／待機／手戻り／横持ち／移動時間）の短縮を図る。

・生産方法の改善を推進し、生産に係る作業時間・非作業時間の短縮を図る。

図表 2 −38− 1　事業の「効率性」の向上　〜売上数量の増加〜

主な課題	具体的な取組み（例）
売上数量の増加	○要員確保・活用強化 ・新卒・中途採用の推進 ・外部人材の受入強化 ・ダイバーシティの推進 ○社員のスキルアップ／モチベーションアップ ・能力開発態勢の強化 ・教育プラン／スキルマップの策定 ・OJT／研修／自己啓発支援（通信教育・資格取得）の推進 ・勤務評価の改善／登用・昇進・昇給への反映 ・給与体系・水準／処遇／福利厚生／職場環境の改善 ○設備の増強／見直し ・生産／販売・サービス提供／物流に係る事業所・設備の増強 ・自動化／省力化／ICT化に係る設備の増強 ・事業所の立地／設備の配置の見直し ○事業体制・方法の強化／見直し ・権限・責任・役割分担／指揮命令系統の明確化 ・社内外の連携／コミュニケーションの改善・緊密化 ・マニュアル／作業標準の整備・徹底 ・生産・販売計画の策定／管理の徹底 ・新たな製法・技術の構築／既往の製法・技術の改善 ・生産内容／品揃え／サービス内容の拡充・見直し ・生産方法の改善 ・営業・販売方法の改善（需要・ニーズの的確な把握、ソリューション提案の推進、広告宣伝の見直し、顧客対応方法・サービスレベルの見直し　等） ・輸送経路／積載方法／保管方法／仕分・梱包作業方法の改善 ・工程・プロセス／要員配置／レイアウト・動線の見直し、５Ｓ徹底 ・店舗の内装・レイアウト・陳列の改善 ・品質管理の改善・強化

・営業・販売・サービス提供方法の改善（需要・ニーズの的確な把握、ソリューション提案の推進、広告宣伝の見直し、顧客対応方法・サービスレベルの見直しなど）／店舗の内装・レイアウト・陳列の改善を推進し、営業・販売・サービス提供に係る作業時間・非作業時間の短縮を図る。

・輸送経路／積載方法／保管方法／仕分・梱包作業方法の改善を推進し、物流・輸送に係る作業時間・非作業時間の短縮を図る。

・工程・プロセス／要員配置／レイアウト・動線の見直し、５Ｓの徹底、品質管理の改善・強化を推進し、生産・販売などに係る作業時間・非作業時間の短縮を図る。

次に「いかに売上数量を増加させるか」ということについて、みていきましょう。

1）　供給過多の場合の売上数量増加

供給が需要を上回る供給過多（いわゆる買い手市場）の場合、販売数量は「１顧客当たりの年間需要量」「顧客数」「成約率」によって決まるので、以下のような取組みによって、各項目を向上させることが必要です（図表２−38−２）。

・製品・サービスの機能・性能・効用／品質・供給力を拡充し、需要の喚起／競合品・代替品との差別化を図り、１顧客当たりの年間需要量や顧客数を増加させる。

・製品・サービスの価格を引き下げ、需要の喚起／競合品・代替品との差別化を図り、顧客数などを増加させる。

・ソリューション提案型営業の推進により、顧客の真の需要・ニーズに的確かつ総合的に応え、１顧客当たりの年間需要量の増加／成約率のアップを実現する。

・広告宣伝の見直しなど営業・販売・サービス提供態勢の強化、品揃え・サービス内容の拡充などにより、需要の喚起／競合品・代替品との差別化を図り、顧客数などを増加させる。

2）　需要過多の場合の売上数量増加（製造業など）

逆に、需要が供給を上回る需要過多（いわゆる売り手市場）の場合、販売数量は「製品・サービス１単位当たり生産・販売時間（リードタイム）」によって決まります。したがって、社員のスキル・モチベーションアップ／設備の増強・見直し／合理化・効率化の推進といった取組みを行うことにより、「各業務プロセス

図表2-38-2 事業の「効率性」の向上 ～売上数量の増加～（続き）

【需要＜供給の場合】

製品・サービスの販売数量 ＝ 1顧客当たりの年間需要量 × 顧客数 × 成約率

○製品・サービスの拡充
○営業・販売・サービス提供態勢の強化
○品揃え・サービス内容の拡充　　　等

【需要＞供給の場合】

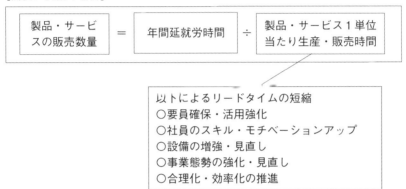

製品・サービスの販売数量 ＝ 年間延就労時間 ÷ 製品・サービス1単位当たり生産・販売時間

以下によるリードタイムの短縮
○要員確保・活用強化
○社員のスキル・モチベーションアップ
○設備の増強・見直し
○事業態勢の強化・見直し
○合理化・効率化の推進

【需要＞供給の場合（小売・飲食・旅館・個人サービス業等）】

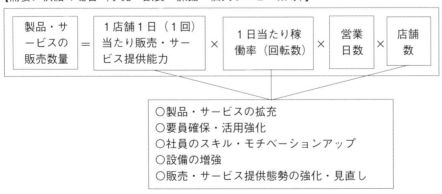

製品・サービスの販売数量 ＝ 1店舗1日（1回）当たり販売・サービス提供能力 × 1日当たり稼働率（回転数） × 営業日数 × 店舗数

○製品・サービスの拡充
○要員確保・活用強化
○社員のスキル・モチベーションアップ
○設備の増強
○販売・サービス提供態勢の強化・見直し

に係る作業時間」「準備・段取り／手空き／待機／手戻り／横持ち／移動に係る非作業時間」を短縮することが必要です。

3)　**需要過多の場合の売上数量増加（小売・飲食・旅館・個人サービス業など）**

また、小売・飲食・旅館・個人サービス業などの場合、販売数量は「1店舗1日当たり販売・サービス提供能力」「1日当たり稼働率・回転数」「店舗数」によって決まるので、以下の取組みを行うことが肝要です。

・製品・サービスの拡充により、稼働率／回転数を上げる。

・要員確保・活用強化／社員のスキル・モチベーションアップにより、販売・サービス提供能力を上げる。

・設備の増強により、販売・サービス提供能力の向上／店舗数の増加を図る。

・販売・サービス提供態勢の強化・見直しにより、販売・サービス提供能力／稼働率・回転数の向上を図る。

②　**課題：「固定費の削減」**

固定費は、売上の変動にかかわらず一定の負担が必要になりますが、リードタイムの短縮やムダな設備の処分などにより時間当たり・売上数量当たりの固定費を削減することができます。

したがって、固定費の削減を図るためには、生産／販売・サービス提供／物流・輸送に係る体制／方法の改善・見直しを進めるとともに、以下の取組みを行うことが不可欠です（図表2－39）。

1)　**合理化・効率化の推進**

・事業所・設備の自動化／省力化／ICT化、工程・プロセス／要員配置／レイアウト・動線の見直し、5Sの徹底を推進し、作業時間・非作業時間の短縮を図る。

・余剰人員を削減し、労務費・人件費の低減を図る。

2)　**給与体系・水準の見直し**

・給与体系の見直し／給与水準の適正化を推進し、時間当たりの労務費・人件費の適正化を図る。

・労務・勤怠管理を徹底し、超勤手当などの適正化を図る。

・パート・契約社員の活用を強化し、労務費・人件費の適正化を図る。

・労務費・人件費の変動費化を推進し、時間当たり支出の適正化を図る。

図表 2 −39　事業の「効率性」の向上　～固定費の削減～

主な課題	具体的な取組み（例）
固定費の削減	○合理化・効率化の推進 ・事業所・設備の自動化／省力化／ICT化の推進 ・工程・プロセス／要員配置／レイアウト・動線の見直し、5S徹底 ・余剰人員の削減 ○給与体系・水準の見直し ・給与体系の見直し／給与水準の適正化 ・労務・勤怠管理の徹底 ・パート・契約社員の活用強化 ・労務費・人件費の変動費化 ○設備関係費用等の適正化 ・事業所の再編／集約／撤退 ・余剰設備の処分／返却 ・遊休資産の処分

3)　設備関係費用などの適正化

・事業所の再編／集約／撤退、余剰設備の処分・返却、遊休資産の処分を推進
し、修繕費など維持費／地代家賃・賃借料／租税公課／支払利息などの削減を
図る。

　このうち「給与体系・水準の見直し」は、非常にハードルの高い取組みになり
ますが、実現できれば、労務費・人件費の適正化だけでなく、社員のモチベー
ションアップにもつながります。

　見直しにあたっては、納得感の高い業績・勤務評価制度を構築し、以下の取組
みを徹底することが肝要です。

・社員との合意によって決められた業績・勤務評価制度に基づき、給与や処遇
（昇給・昇格・異動）の決定を、恣意なく適切に行うこと。

・上司・同僚・部下といった複数の評価により評定を行う複眼評価などを導入
し、具体的・客観的な業績／能力行動評価を実施して、被評価者が腹落ちする
評価を行うこと。

・被評価者に対して評価結果を適切にフィードバックし、評価理由や「解決すべ
き問題／取り組むべき課題が何か」をわかりやすく説明して、社員のスキル
アップやモチベーション向上につながるよう、的確な指導・アドバイスを行う
こと。

第Ⅲ章

事業継続に必要な
検討・実施事項

1　長期的な事業展開／態勢整備の検討

（1）　現状把握

- ・事業の現状把握は、①財務上の問題点／優位点の把握、②根本原因／真相の究明、③企業活動上の問題点／優位点の把握という手順で実施する。
- ・財務上の問題点／優位点の把握においては、優良な同業者の平均財務諸表・指標と対比し、劣っている点／優れている点を抽出する。
- ・企業活動上の問題点／優位点の把握においては、財務上の問題点／優位点の原因に係る仮説を設定し、企業活動分析により根本原因・真相を明らかにして、現状における機会・脅威／強み・弱みを抽出する。

　本節のテーマについては、「金融機関が行う経営改善支援マニュアル（第3版）」に詳しく記載していますので、本節ではエッセンスだけ触れたいと思います。どうぞ、詳細は前掲書をご覧ください。

①　財務上の問題点／優位点の把握
　事業の現状把握は、財務上の問題点／優位点の把握から始めます（図表3－1）。具体的には、優良な同業者の平均財務諸表・指標と対比し、財務上「どこが劣っているのか」「どこが優れているのか」を抽出します（図表3－2）。
　例えば、採算性をみる場合には「社員1人当たり付加価値額」「売上高変動費率」、効率性をみる場合には「社員1人当たり売上高」「社員1人当たり労務費・人件費」「使用総資本経常利益率」「売上高固定費率」といった財務指標について、それぞれ優良企業と比較して優劣を客観的・定量的に把握します。

②　根本原因／真相の究明
　財務上の問題点／優位点を抽出したところで、次に財務上の問題点などの「根本原因／真相の究明」を行います。

図表3－1　現状把握のフロー

① 財務上の問題点／優位点の把握
　同業者（優良企業）の平均財務諸表・指標（To Be）との対比により、財務上の
問題点（劣っている点）／優位点（優れている点）を抽出

② 根本原因／真相の究明
　以下の手順で分析を行い、財務上の問題点／優位点の根本原因・真相を究明
　1)　原因の仮説の設定
　2)　企業活動分析（外部／内部環境の分析）による根本原因・真相の究明

③ 企業活動上の問題点／優位点の把握
　企業活動分析の結果を評価し、現状における企業活動上の問題点／優位点を把握

図表3－2　財務上の問題点／優位点の把握

主な財務指標	問題点	優位点
○社員1人当たり付加価値額 ・売上高付加価値額比率 ・社員1人当たり売上高 ・設備生産性 ・労働装備率	低い	高い
○社員1人当たり労務費・人件費	高い	低い
○使用総資本経常利益率 ・売上高経常利益率 ・使用総資本回転率	低い	高い
○売上高変動費率	高い	低い
○売上高固定費率	高い	低い
○在庫回転期間	長い	短い
○売掛債権回転期間	長い	短い
○買掛債務回転期間	短い	長い

財務上の問題点／優位点が判明しても、それが「事業展開の巧拙に起因するのか」「事業態勢の優劣に起因するのか」わかりません。「なぜ、この財務指標が劣っているのか」「事業展開の実情や事業態勢の実態は、どのようになっているのか」を明らかにしなければ、「企業活動の現状」を把握することができません。

抽出された財務上の問題点／優位点それぞれについて、「原因／真相の仮説」を設定し、以下の「企業活動分析」を実施して、根本原因や真相の究明を行います（図表3−3）。

・**定量分析**：生産・販売単価／数量の分析、リードタイムの分析、不良率・返品率・原単位・歩留りの分析、稼働率・回転数の分析
・**定性分析**：市場・需要／供給の分析、製品・サービスの分析、給与・処遇／社員のスキル・モチベーションの分析、設備／仕入・外注先の能力・状況の分析、経営管理／事業態勢の分析、バリューチェーン／サプライチェーンの分析、資産状況／在庫の分析、回収条件・販売先／支払条件の分析

③　企業活動上の問題点／優位点の把握

以上の企業活動分析の結果を評価し、現状における「企業活動上の問題点／優位点」を把握します。

企業活動上の問題点／優位点の把握にあたっては、以下のとおり「外部環境における問題点／優位点」と「内部環境における問題点／優位点」に分けて整理します（図表3−4−1〜3）。

　1）　**外部環境**
・市場・需要における問題点／優位点
・供給における問題点／優位点
　2）　**内部環境**
・製品・サービスにおける問題点／優位点
・給与・処遇／社員のスキル・モチベーションにおける問題点／優位点
・設備／仕入・外注先の能力・状況における問題点／優位点
・経営管理態勢における問題点／優位点
・企画・設計・開発態勢における問題点／優位点
・仕入・外注・購買管理態勢における問題点／優位点
・生産態勢における問題点／優位点

図表3－3　根本原因／真相の究明

【財務分析】 ⇨	【原因／真相の仮説の設定】 ・売上単価が低い／高い ・売上数量が少ない／多い ・設備の能力が低い／高い ・設備の効率的・効果的活用ができていない／できている ・外注の効率的・効果的活用ができていない／できている ・自動化・省力化が停頓している／進んでいる ・設備が老朽化している／新しい ・1人当たり時間当たり労務費・人件費が高い／低い ・1人当たり年間延就労時間が長い／短い ・単位当たり変動費が高い／低い ・仕入・外注量／利用・消費量が多い／少ない ・固定費的な支出が多い／少ない ・ムダな仕入・外注／利用・消費が多い／少ない ・歩留まりが低い／高い ・不良率が高い／低い ・単位当たり／1回当たり固定費が高い／低い ・固定費に係る物品・サービスの消費・利用量／回数が多い／少ない ・賃借面積・数量が多い／少ない ・固定費支出の効果が低い／高い 　　　　　　　　　　　　　　等	⇨	【企業活動分析】 〈定量分析〉 ○生産／販売単価の分析 ○生産／販売数量の分析 ○リードタイムの分析 ○不良率／返品率／原単位／歩留りの分析 ○稼働率／回転数の分析 〈定性分析〉 ○市場・需要の分析 ○供給の分析 ○製品・サービスの分析 ○給与・処遇／社員の能力等の分析 ○設備の能力・状況の分析 ○仕入・外注先の能力・状況の分析 ○経営管理態勢の分析 ○事業態勢の分析 ○バリューチェーン／サプライチェーンの分析 ○資産状況／在庫の分析 ○回収条件・販売先の業況の分析 ○支払条件の分析

図表3－4－1　現状における企業活動上の問題点／優位点の把握

観点	問題点／優位点（例）
市場・需要	・規模が小さい・縮小している／大きい・拡大している ・多様性・深度／多様化・深化の余地がない／乏しい／ある ・ライフサイクルが成熟・衰退期にある／生成・導入・成長期にある
供給	・同業者との競合が激しい・激化している／激しくない ・新規・代替品の参入が多い・増加している／あまりない ・販売先／仕入・外注先との関係が悪い・悪化している／良好である
製品・サービス	・機能・性能・効用が劣っている／優れている ・機能等の独自性・将来性等がない・劣っている／ある・優れている ・品質が劣っている／優れている ・均質性・耐久性・品質の安定性が劣っている／優れている ・供給力が劣っている／優れている ・小口・多頻度・短納期・安定供給ができない／できる ・価格対応力が低い／高い

・営業・販売・サービス提供／物流・輸送態勢における問題点／優位点

「現状における外部環境上の問題点／優位点」は「現状における脅威／機会」に、「現状における内部環境上の問題点／優位点」は「現状における弱み／強み」にそれぞれなります。

次節において、「今後（3～5年後）の機会・脅威／強み・弱み」を導出し、それに基づいて「将来に向けた課題の設定」を行いますが、「現状における機会・脅威／強み・弱み」は、課題の設定に直接関係しません。

しかし、現状の認識が誤っていたり、曖昧であったりすると、「将来に向けた課題の設定」ができないので、しっかり行う必要があります。

図表3－4－2　現状における企業活動上の問題点／優位点の把握（続き）

観点	問題点／優位点（例）
給与・処遇／社員の能力等	・給与体系・水準／勤務評価／処遇に問題がある／適切である ・人材確保・定着に問題がある／適切である ・年齢構成に偏りがある・高齢化が顕著である／バランスがとれている ・パート・契約社員が少なすぎる・多すぎる／適切に活用されている ・社員のスキル／モチベーション・モラルが低い／高い
設備／仕入・外注先の能力・状況	・設備の機能・性能が低い／高い ・設備が老朽化・陳腐化している／導入・更新が進んでいる ・自動化・省力化・ICT化／省エネ化・燃費向上が停頓している／進んでいる ・設備が低稼働である・オーバーフローしている／適正に稼働している ・余剰設備がある／ない ・仕入・外注先の能力が劣っている／優れている ・仕入・外注先の経営状況が悪い・悪化している／良好である ・仕入・外注先との取引状況に問題がある／適切である
経営管理態勢	・経営管理体制・補佐陣が脆弱である／適切である ・経営者の手腕が欠如している・凡庸である／優れている ・後継者がいない／有能である ・経営管理ツールが未整備・未活用である・問題がある／適切に整備・活用されている ・労務管理が杜撰である／適切である ・余剰人員が多い／いない

図表３－４－３　現状における企業活動上の問題点／優位点の把握（続き）

観点	問題点／優位点（例）
事業態勢	・権限・責任／役割分担が不明確である／明確である ・業務配分が特定の部署・社員に偏っている／適切に行われている ・連携・コミュニケーションが不足している／緊密・円滑である ・技能・ナレッジがない・属人的である／可視化・組織化されている ・マニュアル・作業標準がない・徹底されていない／徹底されている ・見込み・見積りが甘い・過誤が多い／適切に行われている 〈企画・設計・開発〉 ・企画・設計・開発力が低い・高い ・企画・設計・開発方法が非効率である・問題がある／効率的・効果的に行われている ・有力なパートナー・ネットワークがない／ある 〈仕入・外注・購買管理〉 ・ムダな仕入・外注・購買が多い／ない ・仕入・外注・購買価額が割高である／割安である ・仕入時間／発注ロットが長い・過小・過大である／短い・適切である ・有力仕入・外注・購買先がない／ある ・原材料・商品等の価格変動が激しい／あまりない ・原材料・商品等の確保が困難である／容易である 〈生産〉 ・作業内容に問題がある／適切である ・生産・加工品質が低い／高い ・製法・技術が凡庸である／独自性がある ・生産・準備・段取り／手空き・待機時間が長い／短い ・作り溜めをしている／適時に生産している ・得意分野の内製化／不得意分野のアウトソーシングが進んでいない／進んでいる ・歩留りが悪い／よい ・要員配置・工数配分・工程間バランス・レイアウト・動線に問題がある／適切である ・ムダな作業・手戻り・横持ちが多い／ない ・不良品発生率が高い／低い ・品質管理／工程内検査が杜撰・過剰である／適切である 〈営業・販売・サービス提供／物流・輸送〉 ・販売方法・技術が凡庸である／独自性がある ・有力な受注・販売先がない／ある ・需要・顧客ニーズの把握が不十分である／適切に行われている ・ソリューション提案ができない／実践している ・受注・販売の繁閑が著しい／平準化している ・広告宣伝の効果が低い／効果が高い ・販売時間／顧客の滞留・待ち時間が長い／短い ・納品頻度が過小・過大である／適切である ・客室の稼働率・席の回転数が低い／高い ・顧客対応・陳列・レイアウト・品揃え・サービス内容に問題がある／適切である ・店舗立地が劣悪である・商圏とミスマッチしている／良好である・商圏とマッチしている ・物流・輸送時間が長い／短い ・輸送経路・積載・保管・仕分・梱包が非効率である・問題がある／効率的・効果的である

(2)　今後の見通しの検討

- ・今後の事業見通しの検討は、抽出された企業活動上の問題点／優位点を踏まえ、①将来の外部環境の分析・評価／今後の機会・脅威の抽出、②将来の内部環境の分析・評価／今後の強み・弱みの抽出という手順で行う。
- ・今後の機会・脅威の抽出は、外部環境（自然・社会・経済環境、市場・需要／供給構造）が将来どのように変化するかを分析・評価し、それに基づいて行う。
- ・今後の強み・弱みの抽出は、経年変化や将来の外部環境変化を考慮して、将来の経営資源（製品・サービス／人材／設備・技術・ナレッジ／取引先・連携先／事業態勢など）を想定し、それに基づいて行う。

　次に、抽出された「現状における企業活動上の問題点／優位点」をベースに将来の外部環境／内部環境の分析・評価を行い、「今後（3～5年後）の機会・脅威／強み・弱み」を抽出します（図表3－5）。

① 　将来の外部環境の分析・評価／今後の機会・脅威の抽出
　今後の機会・脅威の抽出にあたっては、まず、以下の観点から「将来の外部環境の分析・評価」を行います（図表3－6）。
- ・自然環境の変化：地球温暖化・地殻変動・環境破壊の進行、気象災害の増加・深刻化／地震・噴火リスクの増大など
- ・社会環境の変化：先進国の少子高齢化／発展途上国の人口急増、サイバー攻撃の増加、感染症の深刻化など
- ・経済環境の変化：先進国における低成長、BRICs等の台頭、経済・所得格差の拡大、イノベーション／ICT化・デジタライゼーションの進展など
- ・市場の変化：市場のグローバル化・ローカル化／小規模・細分化／多様化／専門化、ライフサイクルの短縮化／新たな市場の生成など
- ・需要の変化：消費者の属性・ライフスタイルの変化／事業者のビジネスモデル・業容・業態の変化に伴う需要・ニーズの多様化／高度化
- ・供給の変化：供給構造・バリューチェーン／サプライチェーンの変化に伴う同

図表3－5　今後の見通し検討のフロー

〇企業活動上の問題点／優位点の把握

① 　将来の外部環境の分析・評価／今後の機会・脅威の抽出
　　1)　将来の外部環境（市場／需要／供給構造・サプライチェーン）の分析・評価
　　2)　3～5年後の「機会」「脅威」の抽出

② 　将来の内部環境の分析・評価／今後の強み・弱みの抽出
　　1)　将来の内部環境（製品・サービスの競争力／経営資源）の分析・評価
　　2)　3～5年後の「強み」「弱み」の抽出

図表3－6　将来の外部環境の分析・評価／今後の機会・脅威の抽出

―――― 外部環境 ――――

〇自然環境の変化：地球温暖化・地殻変動・環境破壊の進行、気象災害の増加・
　深刻化／地震・噴火リスクの増大
〇社会環境の変化：先進国の少子高齢化／発展途上国の人口急増、紛争／テロの
　増加、サイバー攻撃の増加、感染症の深刻化
〇経済環境の変化：先進国における低成長、BRICs等の台頭、経済・所得格差の
　拡大、イノベーション／ICT化・データライゼーションの進展

―――― 市場 ――――

〇市場のグローバル化・ローカル化／小規模・細分化／多様化／専門化
〇ライフサイクルの短縮化／新たな市場の生成

―― 需要 ――

〇以下に伴う需要・ニーズの多
　様化／高度化
・消費者の属性・ライフスタイ
　ルの変化
・事業者の業容・業態／ビジネ
　スモデルの変化

―― 供給 ――

〇以下に伴う同業者・新規参入
　者・代替品・買い手・売り手
　との関係変化
・供給構造・バリューチェーン
　の変化
・サプライチェーンの変化

〇3～5年後の「機会」「脅威」
　・既往の脅威の消滅／新たな機会の発生
　・既往の機会の消滅／新たな脅威の発生

業者・新規参入者・代替品・買い手・売り手との関係変化

　以上の外部環境変化を踏まえ、「既往の脅威の消滅／新たな機会の発生」「既往の機会の消滅／新たな脅威の発生」を推定して「今後の機会・脅威」を抽出します。

②　将来の内部環境の分析・評価／今後の強み・弱みの抽出

　また、今後の強み・弱みの抽出にあたっては、経年変化に加え「イノベーション／ICT化・デジタライゼーションの進展」「市場・需要／供給の構造的変化」を考慮して、「将来の内部環境」を想定し、3〜5年後における「既往の強みの消滅／新たな弱みの発生」などを検討します（図表3－7）。

　具体的には、内部環境の現状を踏まえつつ、経年変化や外部環境変化によって、以下の経営資源がどのように変化するかを想定し、それに基づいて「今後の強み・弱み」を抽出します。

・製品・サービスの変化：機能・性能・効用／品質・供給力・価格対応力の劣化・陳腐化、需要・ニーズとのギャップ顕在化など

・経営管理態勢の変化：経営者・補佐陣の高齢化、事業承継問題の深刻化、経営管理ツールの劣化・陳腐化／経営管理の非効率化など

・人材の変化：高齢化／中堅・若手の人材不足の深刻化、スキル・モチベーション・モラルの低下など

・設備／技術・ナレッジの変化：設備の老朽化・陳腐化／高コスト化、技術・ナレッジの劣化／陳腐化、属人的な技能・ノウハウの散逸など

・取引先／連携先の変化：販売先の経営悪化／購買力低下、仕入・外注先／連携先の経営悪化・能力低下など

・事業態勢／リスク管理・危機対応態勢の変化：ビジネスモデル／業容・業態の劣化・陳腐化／需要・ニーズとのギャップの顕在化／非効率化、事業体制・方法の劣化／非効率化など

図表3－7　将来の内部環境の分析・評価／今後の強み・弱みの抽出

○経年変化
○イノベーション／ICT化・デジタライゼーションの進展
○市場・需要／供給の構造的変化

内部環境の現状

製品・サービス

経営管理態勢

人材

設備／
技術・ナレッジ

取引先／連携先

事業態勢／
リスク管理・
危機対応態勢

将来の内部環境

製品・サービス
・機能・性能・効用／品質・供給力・価格対
　応力の劣化・陳腐化／需要・ニーズとの
　ギャップ顕在化

経営管理態勢
・経営者・補佐陣の高齢化／事業承継問題の
　深刻化
・経営管理ツールの劣化・陳腐化／経営管理
　の非効率化

人材
・高齢化／中堅・若手人材不足の深刻化
・スキル／モチベーション／モラルの低下

設備／技術・ナレッジ
・設備の老朽化・陳腐化／高コスト化
・技術・ナレッジの劣化／陳腐化
・属人的な技能・ノウハウの散逸

取引先／連携先
・販売先の経営悪化／購買力低下
・仕入・外注先／連携先の経営悪化・能力低
　下

事業態勢／リスク管理・危機対応態勢
・ビジネスモデル／業容・業態の劣化・陳腐
　化／需要・ニーズとのギャップ顕在化／非
　効率化
・事業体制・方法の劣化／非効率化

○3～5年後の「強み」「弱み」
・既往の強みの消滅／新たな弱みの発生
（・既往の強みの維持）

(3) 課題の設定

> ・事業展開の方向性（機会の獲得／脅威の回避）は、今後の機会／脅威を踏まえて設定する。
> ・態勢整備の方向性（強みの活用／弱みの克服）は、新たな事業展開に必要な経営資源を特定し、今後の強み／弱みを踏まえて設定する。

　本項では、抽出された「今後の機会・脅威／強み・弱み」から、「事業展開の方向性」「態勢整備の方向性」を導出し、「課題の設定」を行うプロセスについて、みていきます（図表3-8）。

① 事業展開の方向性の設定

　将来の外部環境変化を分析した結果、機会が抽出された場合は「機会の獲得」、脅威が抽出された場合は「脅威の回避」が、事業展開の方向性として導出されます（図表3-9）。

　具体的には、3～5年後に「新たな市場・需要が生成される」「既往市場・需要の規模が拡大する／多様化・深化する」「供給構造・サプライチェーンの変化により売上増加／高付加価値化が期待される」と想定される場合は、以下の事業展開（機会の獲得）が妥当と考えられます。

・新市場・分野での需要獲得
・既往市場・分野での取組拡大／高度化
・新規サプライチェーンの構築
・既往サプライチェーンの強化

　また、3～5年後に「既往市場・需要の規模が縮小する／多様化・深化の余地がない」「市場の成熟化・衰退化が進む」「供給構造・サプライチェーンの変化により競合／新規先・代替品参入が激化する」と想定される場合は、以下の事業展開（脅威の回避）が得策といえます。

・既往市場・分野での取組縮小／既往市場・分野からの撤退
・競合の回避
・既往サプライチェーンの見直し

図表3－8　課題の設定のフロー

○3〜5年後の「機会」「脅威」の抽出　

○3〜5年後の「強み」「弱み」の抽出　

① 事業展開の方向性の設定
1) 機会の獲得
2) 脅威の回避

② 態勢整備の方向性の設定
1) 新たな事業展開に必要な経営資源の特定
2) 強みの活用
3) 弱みの克服

◎課題の設定
1) 強みを活かして機会を獲得
2) 弱みを克服して機会を獲得
3) 強みを活かして脅威を回避
4) 弱みを克服して脅威を回避

図表3－9　事業展開の方向性の設定

【3〜5年後の機会】

・新たな市場・需要が生成される
・既往市場・需要の規模が拡大する／多様化・深化する
・供給構造・サプライチェーンの変化により売上増加／高付加価値化が期待される

【機会の獲得】

・新市場・分野での需要獲得
・既往市場・分野での取組拡大／高度化
・新規サプライチェーンの構築
・既往サプライチェーンの強化

【3〜5年後の脅威】

・既往市場・需要の規模が縮小する／多様化・深化の余地がない
・市場の成熟化・衰退化が進む
・供給構造・サプライチェーンの変化により競合／新規先・代替品参入が激化する

【脅威の回避】

・既往市場・分野での取組縮小／既往市場・分野からの撤退
・競合の回避
・既往サプライチェーンの見直し

② 事業展開を実現するための態勢整備の方向性の設定

事業展開の方向性が設定されたところで、まず「新たな事業展開に必要な経営資源は何か」を特定します。

そして、当該資源の有無／充足度を確認のうえ、経営資源ごとに下表のとおり整備などの方向性を設定します（図表3－10）。

ケース	取組みの方向性
所要経営資源があり、かつ、それが「強み」となっている場合	既往経営資源の活用推進・強化
所要経営資源があるものの、それが「弱み」となっている場合	既往経営資源の改善・拡充・強化／見直し／再構築 ・既往製品・サービスの拡充／強化 ・中堅・若手人材の採用強化／社員のスキルアップ ・自動化・省力化・ICT化の推進 ・既往取引先の見直し・再構築 ・既往販売体制・方法の強化・見直し　　　　　等
所要経営資源がない／不足している場合	新たな経営資源の導入・構築 ・新製品・サービスの開発 ・設備の新増設 ・新たな生産体制・技術・方法の構築　　　　　等

以上、設定された「事業展開の方向性」「態勢整備の方向性」を踏まえて、「将来に向けた課題の設定」を行います（強みを活かして機会を獲得／弱みを克服して機会を獲得／強みを活かして脅威を回避／弱みを克服して脅威を回避）。

図表 3 −10　事業展開を実現するための態勢整備の方向性の設定

【経営資源】	新たな事業展開に必要な経営資源
製品・サービス 経営管理態勢 人材 設備／ 技術・ナレッジ 取引先／連携先 事業態勢／ リスク管理・ 危機対応態勢	【強み】 〈強みを活用する取組み〉 ・既往製品・サービスの活用 ・既往経営管理態勢の活用 ・既往人材の活用 ・既往設備／技術・ナレッジの活用 ・既往取引先／連携先の活用・関係強化 ・既往事業態勢等の活用 【弱み】 〈弱みを克服する取組み〉 ・新製品・サービスの開発 　既往製品・サービスの拡充／強化 ・経営管理態勢の強化・再構築 ・後継者・補佐陣の確保／育成 ・労務管理態勢の改善 ・給与・処遇の改善 ・社員のスキルアップ ・技能・ノウハウの承継 ・中堅・若手人材の採用強化 ・余剰人員の削減 ・設備の新増設／改良・拡充 ・自動化・省力化・ICT化／省エネ化・燃費向上の推進 ・事業所の再編・集約・撤退 ・技術・ナレッジの拡充／強化 ・新規取引先／連携先の構築 ・既往取引先／連携先の見直し・再構築 ・新体制／技術／方法の構築 ・既往体制／技術／方法の強化・見直し ・生産内容の拡充・見直し ・品揃え・サービス内容の拡充・見直し ・工程・プロセス／要員配置／動線／レイアウト／陳列の見直し

⑷　具体的対応策の設定

> ・事業展開／態勢整備に係る具体的対応策の設定にあたっては、5W1Hを意識して趣旨・目的／具体的内容・方法／実施体制・時期・場所を明確にする。
> ・具体的対応策の効果の確認／計画実施後のモニタリングを適切に行うため、具体的・定量的な成果目標・見込みの設定／実施効果の算定を行う。
> ・具体的対応策の妥当性／実現可能性の評価を行う場合は、できるだけ客観的・定量的に行う。

　将来に向けた課題が設定されたところで、最後に「具体的な事業展開／態勢整備の内容・方法」を設定し、「成果目標・見込み／実施効果」を算定して、事業展開／態勢整備の「妥当性／実現可能性」を評価します（図表3−11）。

　ここまで完了すると、第3節で申し上げる「事業継続力強化計画の策定・実施」が可能になります。

① 　具体的な事業展開の内容・方法の設定

　まず、前項で設定された「事業展開の方向性」を具体化します（図表3−12）。

　具体化にあたっては、「5W1H」を意識し、以下の項目について具体的に設定することが肝要です。

　1)　事業展開の趣旨・目的（Why）

・新たな事業展開を行う趣旨・目的は何か。

　2)　事業展開の内容／方法（What／How）

・新たな事業展開の対象市場／対象顧客は何か。

・対象市場／対象顧客における具体的な需要・ニーズは何か。

・新たな事業展開における取扱製品・サービスは何か。

・生産／販売・サービス提供の方式はどのようなものか。

・新たな事業展開に係る業務方法・プロセスはどのようなものか。

図表3−11　具体的対応策の設定のフロー

○課題の設定
　1)　強みを活かして機会を獲得　　3)　強みを活かして脅威を回避
　2)　弱みを克服して機会を獲得　　4)　弱みを克服して脅威を回避

①　具体的な事業展開の内容・方法の設定
　事業展開の趣旨・目的／対象市場・顧客／需要・ニーズ／取扱製品・サービス／生産・販売・提供方式／業務方法・プロセス／実施体制／実施時期・場所を具体的に設定

②　具体的な態勢整備の内容・方法の設定
　態勢整備の趣旨・目的／態勢整備の内容・方法（経営管理態勢の強化／事業態勢の強化・再構築／製品・サービスの開発・拡充／設備の増強・再編／要員確保・能力開発／合理化・効率化）／実施体制／実施時期・場所を具体的に設定

③　成果目標・見込みの設定／実施効果の算定
　1)　成果目標・見込みの設定
　2)　実施効果の算定／検証・評価

④　妥当性／実現可能性の評価
　1)　事業展開／態勢整備の「妥当性」の分析・検証・評価
　2)　事業展開／態勢整備の「実現可能性」の分析・検証・評価

図表3−12　具体的な事業展開の内容・方法の設定

【事業展開の方向性】

【機会の獲得】
・新市場・分野での需要獲得
・既往市場・分野での取組拡大／高度化
・新規サプライチェーンの構築
・既往サプライチェーンの強化

【脅威の回避】
・既往市場・分野での取組縮小／既往市場・分野からの撤退
・競合の回避
・既往サプライチェーンの見直し

【具体的な事業展開】

○事業展開の趣旨・目的
○事業展開の内容／方法
　・対象市場・顧客
　・具体的な需要・ニーズ
　・取扱製品・サービス
　・生産・販売・提供方式
　・業務方法・プロセス
○実施体制
　・実施者・ステークホルダー
　・責任・権限／役割分担
　・指揮命令系統
　・連携／コミュニケーション
○実施時期・場所
　・実施時期・期間
　・実施場所

3) 実施体制（Who）

・新たな事業展開の実施者／ステークホルダーは誰か。

・新たな事業展開に係る責任・権限／役割分担／指揮命令系統／連携・コミュニケーションはどのようになるのか。

4) 実施時期・場所（When／Where）

・新たな事業展開はいつ／いつまでに実施するのか。

・新たな事業展開はどこで実施するのか。

② 具体的な態勢整備の内容・方法の設定

次に、「新たな事業展開に必要な態勢整備」について具体化します。これについても、事業展開の具体化と同様、「5W1H」を意識し、以下の項目を具体的に設定します（図表3−13）。

1) 態勢整備の趣旨・目的（Why）

・新たな態勢整備を行う趣旨・目的は何か。

2) 態勢整備の内容／方法（What／How）

・具体的にどのような経営管理態勢の強化・再構築を行うのか。

・具体的にどのような事業態勢の強化・再構築を行うのか。

・具体的にどのような製品・サービスの開発・拡充を行うのか。

・具体的にどのような設備の増強・再編を行うのか。

・具体的にどのような要員確保・能力開発を行うのか。

・具体的にどのような合理化・効率化を行うのか。

3) 実施体制（Who）

・態勢整備の実施者／ステークホルダーは誰か。

・態勢整備に係る責任・権限／役割分担／指揮命令系統／連携・コミュニケーションはどのようになるのか。

4) 実施時期・場所（When／Where）

・態勢整備はいつ／いつまでに実施するのか。

・態勢整備はどこで実施するのか。

図表 3−13　具体的な態勢整備の内容・方法の設定

【態勢整備の方向性】
・新製品・サービスの開発
・既往製品・サービスの拡充／強化
・経営管理態勢の強化・再構築
・後継者・補佐陣の確保／育成
・労務管理態勢の改善
・給与・処遇の改善
・社員のスキルアップ
・技能・ノウハウの承継
・中堅・若手人材の採用強化
・余剰人員の削減
・設備の新増設／改良・拡充
・自動化・省力化・ICT化／省エネ化・燃費向上の推進
・事業所の再編・集約・撤退
・技術・ナレッジの拡充／強化
・新規取引先／連携先の構築
・既往取引先／連携先の見直し・再構築
・新体制／技術／方法の構築
・既往体制／技術／方法の強化・見直し
・生産内容の拡充・見直し
・品揃え・サービス内容の拡充・見直し
・工程・プロセス／要員配置／動線／レイアウト／陳列の見直し

【具体的な態勢整備】
○態勢整備の趣旨・目的
○態勢整備の内容
・経営管理態勢の強化・再構築
・事業態勢の強化・再構築
・製品・サービスの開発・拡充
・設備の増強・再編
・要員確保・能力開発
・合理化・効率化
○態勢整備の方法・プロセス
○実施体制
・実施者・ステークホルダー
・責任・権限／役割分担
・指揮命令系統
・連携／コミュニケーション
○実施時期・場所
・実施時期・期間
・実施場所

図表 3−14−1　成果目標・見込みの設定

項目		成果目標・見込み
売上高	単価	競合品等の価額、機能等における競合品等との優劣度合い、品質・供給面でのニーズの充足度、値引率
	数量	1顧客当たり年間需要量、顧客数、成約率
		年間延就業時間、リードタイム、不良率、返品率
		1店舗1日（1回）当たり販売・提供能力、1日当たり稼働率（1日当たり回転数）、年間営業日数、店舗数
仕入原価	単価	単位当たり商品仕入高、値引率
	数量	年間販売見込量、見込不良率
原材料費	単価	単位当たり原材料費、値引率
	数量	年間原材料消費見込量、歩留り、見込不良率
外注加工費（従量）	単価	単位数量当たり外注加工費、値引率
	数量	年間外注販売見込量、見込不良率
外注加工費（定額）	単価	単位時間当たり外注加工費、値引率
	数量	年間外注時間
製造経費等（従量）	単価	単位数量当たり製造経費等、値引率
	数量	年間消費・利用量
製造経費等（定額）	単価	単位時間当たり製造経費等、値引率
	数量	年間消費・利用時間

③　成果目標・見込みの設定

　「具体的な事業展開／態勢整備の設定」が完了したところで、それらを踏まえて、図表3−14に示すような「事業展開／態勢整備に係る成果目標・見込みの設定」を行います。

　成果目標・見込みの設定は、「収支改善見通し／投資効果の算定」「計画のモニタリング」を適切に行うことを目的としています。

　それゆえ、成果目標などの設定にあたっては、以下が実現されるよう、各項目に係る「単価」「数量」を定量的に設定し、算出根拠を明確にすることが重要です。

・新たな事業展開／態勢整備の妥当性を的確に評価できるようにする。

・成果目標などが達成できなかった場合に、「原因は何か」「具体的に何を改善すれば成果が上がるか」を浮き彫りにできるようにする。

④　妥当性／実現可能性の評価

　具体的な事業展開／態勢整備の内容・方法の設定、成果目標・見込みの設定／実施効果の算定が完了した場合、最後に以下の観点から事業展開／態勢整備の「妥当性／実現可能性」を客観的・定量的に評価します（図表3−15）。

　1）　事業展開／態勢整備の「妥当性」

・目的・趣旨との整合性：事業継続力強化計画の目的・趣旨と事業展開／態勢整備の方向性が整合しているか。

・効果創出の妥当性：事業展開による収益向上・コストダウンの効果／投資効果が見込めるか。

　2）　事業展開／態勢整備の「実現可能性」

・事業展開の蓋然性：事業展開の具体的内容が対象市場・分野における今後の需要／供給見通しからみて実現可能か、事業展開の実施体制／方法・プロセス／スケジュールからみて円滑かつ着実に遂行できるか。

・態勢整備の蓋然性：実施プロセスに必要な経営資源が確保できるか、経営資源における「課題・制約事項」がクリアできるか、態勢整備を円滑・着実に遂行できるか。

図表 3 −14− 2　成果目標・見込みの設定（続き）

項目		成果目標・見込み
荷造運搬費等（従量）	単価	単位数量当たり荷造運搬費等、値引率
	数量	年間消費・利用量
荷造運搬費等（定額）	単価	単位時間当たり荷造運搬費等、値引率
	数量	年間消費・利用時間
固定給・福利厚生費	単価	1 人当たり月固定給・福利厚生費平均
	数量	延べ社員数
賞与	単価	1 人当たり賞与計算ベース賃金平均、賞与支給平均月数
	数量	平均社員数
超勤手当	単価	時間当たり超勤手当平均
	数量	平均月間超勤時間、延べ社員数
採用費（研修費）	単価	1 回当たり採用費（研修費）
	数量	年間採用活動（研修）回数
地代家賃賃借料	単価	単位当たり地代家賃賃借料
	数量	賃借面積・台数・時間等
固定資産税等		物件別の固定資産税等
支払利息	単価	平均利率
	数量	借入金平均残高
その他固定費	単価	1 月・日　時間・回当たり固定費、値引率
	数量	年間消費・利用月・日・時間・回数

○収支見通し／投資効果の算定に活用
○モニタリング指標に活用

図表 3 −15　妥当性／実現可能性の評価

○事業展開／態勢整備の「妥当性」の評価
　・目的・趣旨との整合性：事業継続力強化計画の目的・趣旨と事業展開／態勢整備の方向性が整合しているか
　・効果創出の妥当性：事業展開による収益向上・コストダウンの効果／投資効果が見込めるか

○事業展開／態勢整備の「実現可能性」の評価
　・事業展開の蓋然性：
　　➤事業展開の具体的内容が対象市場・分野における今後の需要／供給見通しからみて実現可能か
　　➤事業展開の実施体制／方法・プロセス／スケジュールからみて円滑かつ着実に遂行できるか
　・態勢整備の蓋然性：
　　➤実施プロセスに必要な経営資源が確保できるか
　　➤経営資源における「課題・制約事項」をクリアできるか
　　➤態勢整備を円滑かつ着実に遂行できるか

事業・経営上のリスクの評価

(1)　事業・経営上のリスクとは

・事業・経営上のリスクには、人的リスク／物的リスク／取引先リスク／レピュテーショナルリスク／リーガルリスク／カントリーリスクなどがある。

・社内にリスク管理／危機対応態勢を構築し、事業・経営上のリスクを的確に把握して、リスク防止策／危機対応策の設定・実施をしっかり行う必要がある。

　事業・経営上の危機は、決して「青天の霹靂」ではありません。

　厳しい言い方をすれば、「想定が甘かった」というならまだしも、「想定外の出来事だ」と企業経営者が発言するのは、「リスク管理を全くしてこなかった」ということを公表するようなものです。

　なぜ、「危機は、青天の霹靂の出来事ではない」といいきれるのか。それは、自然災害、紛争・事件・事故・テロ／感染症、恐慌・長期景気低迷、経済・産業構造の大転換といったあらゆる危機が、過去すでに発生しているからです。記録に残っていないとしても、地球上に痕跡があるなど、「危機の可能性」を想像できるネタは、枚挙にいとまがないといえるでしょう。

　「危機は想定外だった」というのは、「カタストロフィを想像したくない」と逃避したり、「どうせ自分が生きている間には起こらないだろう」と高を括ったりして、「危機の発生を前提にした経営や事業運営」を忌避してきた証左であると考えます。また、「想定が甘かった」と後悔しないためにも、社内にリスク管理／危機対応態勢を構築し、人的リスク／物的リスク／取引先リスク／レピュテーショナルリスク／リーガルリスク／カントリーリスクといった「事業・経営上のリスク」を的確に把握して、リスク防止策／危機対応策の設定・実施をしっかり行う必要があります（図表3－16）。

図表 3 −16　事業・経営上のリスク

主なリスク	定義	例示
人的リスク	経営者や社員が事業運営・業務遂行に携われず、企業活動が困難になることによって損害を被るリスク	・経営者・後継者・管理職が不在／機能不全となるリスク ・社員が確保できないリスク ・経営者／社員が不正・ミスを犯すリスク ・社員が災害・事故・テロ・感染症等により仕事ができなくなる／損害を被るリスク
物的リスク	設備・システム等が災害・事故・事件・障害等により毀損・稼働停止等を余儀なくされ、企業活動が阻害されることによって損害を被るリスク	・事業所が災害・事故・テロ・感染症等により稼働できなくなる／毀損するリスク ・設備が破損・故障等により稼働できなくなるリスク ・在庫が災害・事故等により損害を被るリスク ・システム／データの毀損・漏えい・稼働停止により操業できなくなる／損害を被るリスク
取引先リスク	取引先の被害・経営悪化等により仕入・外注／販売等が阻害され、損害を被るリスク	・取引先がデフォルトするリスク ・販売先の被害／倒産等により販売が減少するリスク ・仕入・外注先等の被害／倒産等により原材料・製品等を円滑に調達できなくなるリスク ・サプライチェーンの変化等により取引関係が解消・縮小するリスク
レピュテーショナルリスク	災害・事故・事件・信用不安等の風評により損害を被るリスク	・災害・事故・事件・信用不安等の風評により操業できなくなる／損害を被るリスク
リーガルリスク	法令への抵触や法的紛争により損害を被るリスク	・法令違反や著作権の侵害、契約事項を巡る係争などにより、操業できなくなる／損害賠償を余儀なくされるリスク
カントリーリスク	特定の国・地域における自然・社会・経済環境の悪化により損害を被るリスク	・特定の国・地域における自然災害や政治・経済・社会環境の変化により操業できなくなる／損害を被るリスク

以下、各リスクについてみていきたいと思います。

① 人的リスク

　人的リスクとは、「経営者や社員が事業運営・業務遂行に携われず、企業活動が困難になることによって損害を被るリスク」のことで、以下のようなものが該当します。

・経営者・後継者・管理職が不在／機能不全となり、円滑な経営・事業運営が困難になるリスク

・社員が確保できず、事業継続が困難になるリスク

・経営者／社員が不正・ミスを犯し、損害を被るリスク

・社員が災害・事故・テロ・感染症などにより仕事ができなくなる／損害を被るリスク

　こうした人的リスクは、外部環境の変化に伴うリスクと内部環境の劣化に伴うリスクがあいまって発生します。そして、自然災害・紛争・事件・感染症や社内の事故・労働災害・不祥事などによって危機が顕在化し、以下のような損失が発生することになります（図表3－17）。

・事業の縮退・停止に伴う収支の悪化、機会損失の発生

・事業承継／要員確保／事業態勢・取引先の再構築を実施することに伴う支出

　上記のリスク例のうち、「経営者／社員が不正を犯すリスク」については、「職場環境の悪化」「過剰なノルマなどのプレッシャー」「コンプライアンス意識の低下など社員のモラルダウン」が温床となり、不正を犯す「動機」「機会」と不正を「正当化」する屁理屈がそろうと、不正が引き起こされることになります（不正のトライアングル）。

　こうした不祥事の発生を防止するためには、リスク管理／ガバナンス態勢を強化するとともに、職場環境の改善や業務運営・勤務評価の見直しなどを実施することが肝要です。

図表 3 −17　人的リスク

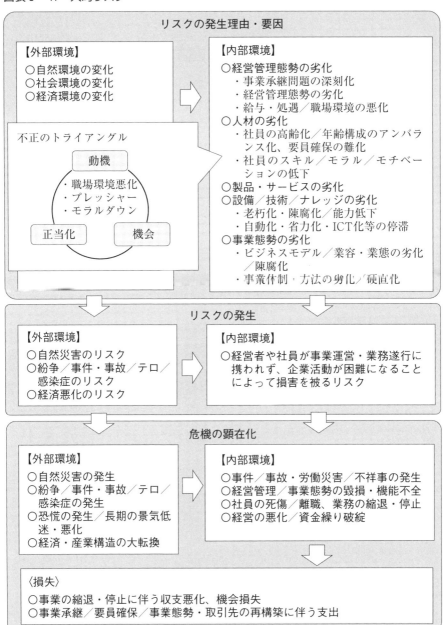

② 物的リスク

　物的リスクとは、「設備・システムなどが災害・事故・事件・障害などにより毀損・稼働停止などを余儀なくされ、企業活動が阻害されることによって損害を被るリスク」のことで、以下のようなものが該当します。

・事業所が災害・事故・テロ・感染症などにより稼働できなくなる／毀損するリスク

・設備が破損・故障などにより稼働できなくなるリスク

・在庫が災害・事故などにより損害を被るリスク

・システム／データの毀損・漏えい・稼働停止により操業できなくなる／損害を被るリスク

　物的リスクについても、人的リスクと同様、自然災害・紛争・事件や社内の事故・障害などがトリガーになって危機が顕在化し、以下のような損失が発生することになります（図表3−18）。

・設備・システム・在庫などの毀損／窃取などに伴う復旧費用などの支出

・情報・データなどの毀損／改ざん／窃取・漏えい・散逸に伴う復旧費用／補償・賠償費用の支出

・事業の縮退・停止に伴う収支の悪化、機会損失の発生

　自然災害などについては防ぎようがありませんが、リスク評価／リスク管理／リスク防止策・危機対応策の設定をしっかり行うとともに、設備・事業態勢の強化・見直しなどを行い、社内における事故・障害発生の抑止／事故・障害が発生した場合の復旧・損失補てんなどが着実に行われるようにすることが、重要といえます。

図表 3 −18 物的リスク

リスクの発生理由・要因

【外部環境】
○自然環境の変化
○社会環境の変化
○経済環境の変化

【内部環境】
○経営管理態勢の劣化
○人材の劣化
　・要員確保の難化
　・社員のスキル／モラル／モチベーショ
　　ンの低下
○製品・サービスの劣化
○設備／技術／ナレッジの劣化
　・老朽化・陳腐化／能力低下
　・自動化・省力化・ICT化／省エネ化・
　　燃費向上／形式知化・組織化の停滞
○事業態勢の劣化
　・ビジネスモデル／業容・業態の劣化／
　　陳腐化
　・事業体制・方法の劣化／硬直化

リスクの発生

【外部環境】
○自然災害のリスク
○紛争／事件・事故／テロ／
　感染症のリスク
○経済悪化のリスク

【内部環境】
○設備・システム等が災害・事故・事件・
　障害等により毀損・稼働停止等を余儀な
　くされ、企業活動が阻害されることに
　よって損害を被るリスク

危機の顕在化

【外部環境】
○自然災害の発生
○紛争／事件・事故／テロ／
　感染症の発生
○恐慌の発生／長期の景気低
　迷・悪化
○経済・産業構造の大転換

【内部環境】
○事件／事故・労働災害／不祥事の発生
○設備／システムの毀損／窃取・強奪／稼
　働の縮退・停止
○情報・データ／技術・ナレッジの毀損・
　改ざん／窃取・漏えい・散逸
○備品・消耗品／在庫／現預金・有価証券
　／書類の毀損・改ざん／窃取・強奪
○経営の悪化／資金繰り破綻

〈損失〉
○設備・システム・在庫等の毀損／窃取等に伴う復旧費用等の支出
○情報・データ等の毀損／改ざん／窃取・漏えい・散逸に伴う復旧費用／補償・
　賠償費用の支出
○事業の縮退・停止に伴う収支悪化、機会損失

③　取引先リスク

　取引先リスクとは、「取引先の被害・経営悪化などにより仕入・外注／販売などが阻害され、損害を被るリスク」のことで、以下のようなものが考えられます。

・取引先がデフォルトするリスク
・販売先の被害／倒産などにより販売が減少するリスク
・仕入・外注先の被害／倒産などにより原材料・製品などを円滑に調達できなくなるリスク
・サプライチェーンの変化などにより取引関係が解消・縮小するリスク

　人的リスク・物的リスクと異なり、外部資源に関するリスクなので、リスク管理や危機対応は容易ではありません。

　しかしながら、危機が顕在化した場合、以下のような損失を被ります。

・事業の縮退・停止に伴う収支の悪化、機会損失の発生
・事業態勢・取引先の再構築に伴う支出

　それゆえ、仕入・外注先管理／販売先管理を強化・徹底し、取引先リスクの把握とリスク防止策／危機対応策の設定をしっかり行うことが不可欠です（図表3－19）。

④　レピュテーショナルリスク

　レピュテーショナルリスクとは、「災害・事故・事件・信用不安などの風評により損害を被るリスク」のことです。

　今般の新型コロナウイルス感染症に限らず、地震・噴火・大規模風水害といった自然災害などが発生すると、根も葉もない噂を含めて風評がひろがり、これに消費者・利用者が過剰に反応して、売上減少などを余儀なくされるといった損失を被ることが少なくありません（図表3－20）。

　こうした風評被害を抑えるためには、現状や今後の見通しに関する正確な情報を発信するとともに、主要取引先や金融機関などステークホルダーに今後の対応策などを個別に説明したり、自治体・商工会議所・業界団体などと連携して風評や不安の払しょくを図ったりといったことを着実に実施する必要があります。

　こうした対策を円滑に行うためには、事前に態勢を整備し、危機発生時やそれ以降、適時適切に対応できるよう準備しておくことが重要です。

図表 3 － 19　取引先リスク

リスクの発生理由・要因

【外部環境】
○自然環境の変化
○社会環境の変化
○経済環境の変化

【内部環境】
○経営管理態勢の劣化
○人材の劣化
・要員確保の難化
・社員のスキル／モラル／モチベーションの低下
○製品・サービスの劣化
○設備／技術／ナレッジの劣化
・老朽化・陳腐化／能力低下
・自動化・省力化・ICT化／省エネ化・燃費向上／形式知化・組織化の停滞
○事業態勢の劣化
・ビジネスモデル／業容・業態の劣化／陳腐化
・事業体制・方法の劣化／硬直化
・仕入・外注先の能力低下
・取引先の経営状況／取引先との関係の悪化

リスクの発生

【外部環境】
○自然災害のリスク
○紛争／事件・事故／テロ／感染症のリスク
○経済悪化のリスク

【内部環境】
○取引先の被害・経営悪化等により仕入・外注／販売等が阻害され、損害を被るリスク

危機の顕在化

【外部環境】
○自然災害の発生
○紛争／事件・事故／テロ／感染症の発生
○恐慌の発生／長期の景気低迷・悪化
○経済・産業構造の大転換

【内部環境】
○事件／事故・労働災害／不祥事の発生
○社員の死傷／離職、業務の縮退・停止
○取引先における事業の縮退・停止
○経営の悪化／資金繰り破綻

〈損失〉
○事業の縮退・停止に伴う収支悪化、機会損失
○事業態勢・取引先の再構築に伴う支出

⑤　リーガルリスク

「リーガルリスク」とは、「法令への抵触や法的紛争により損害を被るリスク」です。

事業を円滑に営むためには、様々な業法やPL法・著作権法などを遵守し、無用なトラブルや係争を回避する必要があります。

また、契約事項に関して顧客や取引先・連携先などとしっかり認識を共有し、合意を形成することも肝要です。

こうしたことを怠ると、事業継続が困難になったり、訴訟費用の支出や損害賠償を余儀なくされたりするので、弁護士などに相談し、リーガルリスクの所在・内容を明確にして、適切に対応することが不可欠です。

⑥　カントリーリスク

「カントリーリスク」とは、「特定の国・地域における自然・社会・経済環境の悪化により損害を被るリスク」のことです。

グローバルな事業展開を行っている企業においてはいうまでもありませんが、経済のグローバル化が進展する中、ドメスティックな事業展開を行っている企業においてもカントリーリスクと無縁ではいられません（図表3−21）。

したがって、常に世界情勢に眼を光らせ、事業所を展開していたり、ターゲットとする市場・顧客が存在していたりする国・地域は当然のことながら、以下のような国・地域についても、リスクを具体的に把握することが重要です。

・G7・BRICsや産油国など、わが国や世界全体の政治・経済に強い影響を及ぼす主要な国・地域

・顧客や取引先などが関係し、危機が発生した場合に自社の仕入・外注／販売などに大きな影響を及ぼすことが危惧される国・地域

そのうえで、危機が顕在化した場合に迅速・的確な対応がとれるよう、事前に態勢の整備・強化を図っておくことが望ましいといえます。

図表 3 −20　レピュテーショナルリスク

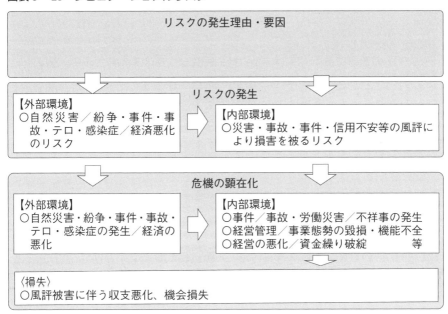

図表 3 −21　カントリーリスク

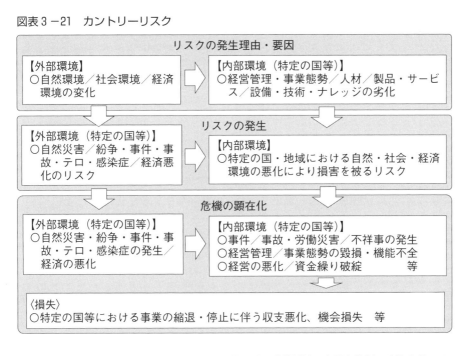

（2） リスクの把握

> ・リスクの把握にあたっては、5W1Hを意識し「リスクの発生理由・要因」「リスクの対象／内容／所在／発生・顕在化時期」「リスクの発生・顕在化のメカニズム」を明確にする必要がある。

　リスクの把握にあたっては、「5W1H」を意識し、以下の点を明確にする必要があります（図表3−22）。

　1）　リスクの発生理由・要因（Why）

・なぜリスクが発生するのか。

・リスク発生の背景には何があるのか。

　2）　リスクの対象／内容／所在／発生・顕在化時期（Who／What／Where／When）

・リスクの対象となる経営資源は何か。

・リスクの具体的内容は何か。

・リスクはどこにあるのか。

・リスクはいつ発生するか／危機として顕在化するのはいつか。

　3）　リスクの発生・顕在化のメカニズム（How）

・リスクはどのように発生するのか。

・危機はどのように顕在化するのか。

　リスクの「5W1H」が曖昧であると、社員やステークホルダーと認識を共有できず、的確な態勢整備・強化を図ったり、適切なリスク管理／危機対応を実施したりすることができません。

　リスクの発生理由・要因、対象／内容／所在／発生・顕在化時期、発生・顕在化のメカニズムを具体的・客観的に捉えることが、リスク管理／危機対応の出発点になることを、しっかり受け止めていただきたいと思います。

図表 3 −22　リスクの把握

リスクの把握
○リスクの発生理由・要因【Why】 ・なぜリスクが発生するのか ・リスク発生の背景には何があるのか
○リスクの対象／内容／所在／発生・顕在化時期 ・リスクの対象となる経営資源は何か【Who】 ・リスクの具体的内容は何か【What】 ・リスクはどこにあるか【Where】 ・リスクはいつ発生するか／危機として顕在化するのはいつか【When】
○リスクの発生・顕在化のメカニズム【How】 ・リスクはどのように発生するのか ・危機はどのように顕在化するのか

図表 3 −23　リスクの発生理由・要因

リスクの発生理由・要因

【外部環境】

○自然環境の変化
・地球温暖化の進行
・地殻変動の活発化
・環境破壊の進行

○社会環境の変化
・先進国の少子高齢化
・発展途上国の人口急増
・ナショナリズム・ポピュリズムの台頭

○経済環境の変化
・先進国における低成長
・BRICs等の台頭
・国内／国家間の格差拡大
・イノベーション／ICT化・データライゼーションの進展
・市場の多様化・細分化／グローバル化・ローカル化
・需要・ニーズ／供給構造・サプライチェーンの多様化／高度化

→ 影響 →

【内部環境】

○経営管理態勢の劣化
・事業承継問題の深刻化
・経営管理態勢の劣化
・給与・処遇／職場環境の悪化

○人材の劣化
・社員の高齢化／年齢構成のアンバランス化、要員確保の難化
・社員のスキル／モラル／モチベーションの低下

○製品・サービスの劣化
・優位性／競争力の低下

○設備／技術／ナレッジの劣化
・老朽化・陳腐化／能力低下
・自動化・省力化・ICT化・省エネ化・燃費向上／形式知化・組織化の停滞

○事業態勢の劣化
・ビジネスモデル／業容・業態の劣化／陳腐化
・事業体制・方法の劣化／硬直化
・仕入・外注先の能力低下
・取引先の経営状況／取引先との関係の悪化

① リスクの発生理由・要因

　リスクは、外部環境変化の影響を受け、経営管理態勢／人材／製品・サービス／設備／技術・ナレッジ／事業態勢といった内部環境が劣化することにより発生します（図表3−23）。

　したがって、リスクの発生理由・要因の把握にあたっては、以下の分析を行うことが重要であると考えます。

・内部環境の劣化に影響を及ぼす外部環境変化は具体的に何か（自然環境の変化か、社会環境の変化か、経済環境の変化か）。

・内部環境の劣化がリスクの発生にどのような影響を及ぼすのか、リスク発生のトリガーとなる内部環境の劣化は具体的に何か（経営管理態勢の劣化か、人材の劣化か、製品・サービスの劣化か、設備／技術・ナレッジの劣化か、事業態勢の劣化か）。

② リスクの対象／内容／所在／発生・顕在化時期

　次に、リスクの対象／内容／所在／発生・顕在化時期を明確にします。すなわち、「誰（何）が、いつ、どこで、どうなるか」を具体的に設定します。

　例えば、人的リスク／物的リスク／取引先リスクとしては、以下のようなものが考えられます（図表3−24）。

　1）　人的リスク

・経営者が、地震発生時に、本社で、死傷するリスク

・社員が、業務時間外に、事務所で、不正（情報漏えい）を行うリスク

・製造部が、ロックダウン時に、工場で、機能不全になるリスク

　2）　物的リスク

・設備が、洪水発生時に、物流施設で、毀損・稼働停止するリスク

・データが、業務時間中に、研究開発施設で、漏えい・窃取されるリスク

・現預金・有価証券が、深夜に、事務所で、強奪されるリスク

　3）　取引先リスク

・販売先が、紛争発生時に、販売先の事業所で、事業を停止するリスク

・外注先が、経済危機時に、外注先の工場で、事業を縮小し円滑に外注できなくなるリスク

図表 3 −24　リスクの対象／内容／所在／発生・顕在化時期

	対象	内容	所在	時期
人的リスク	・経営者／後継者／補佐陣 ・株主／スポンサー ・社員 ・取締役会／経営管理部署 ・事業遂行部署	・死傷／罹患する ・離職／離任する ・不正／懈怠を行う ・争議を行う ・機能不全になる ・確保できない	・本社 ・事務所 ・工場・作業場 ・店舗 ・物流施設 ・研究開発施設	随時
物的リスク	・設備／事業所 ・システム／情報・データ ・技術／ナレッジ ・備品・消耗品 ・在庫 ・現預金／有価証券 ・書類	・毀損する ・漏えい／散逸する ・窃取／強奪される ・改ざんされる ・稼働が縮退・停止する		
取引先リスク	・販売先 ・仕入・外注先 ・資材・燃料等の調達先 ・金融機関 ・その他取引先／連携先	・事業が縮退・停止になる ・取引が縮小・停止する ・円滑・着実に取引できない ・新規に取引関係を構築できない ・取引関係の見直しができない ・回収ができない	取引先の事業所	随時

このように、リスクの対象／内容／所在／発生・顕在化時期によってリスク管理／危機対応のあり方が変わってくるため、リスク一つひとつについて、具体的に特定する必要があります。

③　リスクの発生・顕在化のメカニズム

リスクの発生理由・要因、対象／内容／所在／発生・顕在化時期が明確になったところで、それらを踏まえ、以下の点を明確にします（図表3－25）。

1) どのようにして、リスクが発生するのか（潜在的なリスクが、どのようにして顕在化してくるのか）

2) どのようにして、危機が顕在化するのか（リスクが、どのようにして危機につながっていくのか）

3) 危機の顕在化により、どのようにして損失が発生するのか

リスクの発生・顕在化のメカニズムを明確にする目的は、適切にリスク防止策／危機対応策を設定することです。すなわち、「リスクの発生→危機の顕在化→損失の発生」というプロセスを明確にし、プロセス間にファイアーウォール（隔壁）を設けることによって次のプロセスに移行することを防いだり、危機の顕在化／損失の発生フェーズにおいて対応策を講じることにより影響や被害の範囲・深度を狭小化したりすることを目的としています。

それゆえ、リスクの発生・顕在化のメカニズムを適切に把握することは、リスク管理／危機対応上、非常に重要であるといえます。

図表 3 -25　リスクの発生・顕在化のメカニズム

```
┌─────────────────────────────────────────────────────────┐
│                  リスクの発生理由・要因                    │
│  ┌──────────────┐          ┌──────────────────────┐      │
│  │【外部環境】  │          │【内部環境】          │      │
│  │○自然環境の変化│  影     │○経営管理態勢の劣化   │      │
│  │○社会環境の変化│  響     │○人材の劣化           │      │
│  │○経済環境の変化│         │○製品・サービスの劣化 │      │
│  │              │          │○設備／技術／ナレッジの劣化│   │
│  │              │          │○事業態勢の劣化       │      │
│  └──────────────┘          └──────────────────────┘      │
└─────────────────────────────────────────────────────────┘
```

リスクの発生

【外部環境】
○自然災害のリスク
○紛争／事件・事故／テロ／感染症のリスク
○経済悪化のリスク

影響

【内部環境】
○人的リスク
○物的リスク
○取引先リスク
○レピュテーショナルリスク
○リーガルリスク
○カントリーリスク

危機の顕在化

【外部環境】
○自然災害の発生
○紛争／事件・事故／テロ／感染症の発生
○恐慌の発生／長期の景気低迷・悪化
○経済・産業構造の大転換

影響

【内部環境】
○事件／事故・労働災害／不祥事の発生
○経営管理／事業態勢の毀損・機能不全
○社員の死傷／離職、業務の縮退・停止
○設備／システムの毀損／窃取・強奪／稼働の縮退・停止
○情報・データ／技術・ナレッジの毀損・改ざん／窃取・漏えい・散逸
○備品・消耗品／在庫／現預金・有価証券／書類の毀損・改ざん／窃取・強奪
○取引先における事業の縮退・停止
○経営の悪化／資金繰り破綻

〈損失〉
○設備・システム・在庫等の毀損／窃取等に伴う復旧費用等の支出
○情報・データ等の毀損／改ざん／窃取・漏えい・散逸に伴う復旧費用／補償・賠償費用の支出
○事業の縮退・停止に伴う収支悪化、機会損失
○事業承継／要員確保／事業態勢・取引先の再構築に伴う支出
○風評被害に伴う収支悪化、機会損失

(3) リスクの評価／リスクテイク

> ・リスクの評価／リスクテイクは、①リスク発生／危機顕在化の確率・蓋然性の分析、②危機が顕在化した場合の影響範囲／影響深度（深刻度）の分析、③リスクの防止策／危機への対応策の設定、④リスク防止・危機対応策の効果、妥当性・実現可能性の評価、⑤リスク・危機を回避するため事業を実施しなかった場合の機会損失の分析・評価、⑥実施する事業／リスク防止・危機対応策の決定、という手順で行う。

　リスクの評価／リスクテイクは、以下の手順で実施します（図表3−26）。

①　リスク発生／危機顕在化の確率・蓋然性の分析

②　危機が顕在化した場合の影響範囲／影響深度（深刻度）の分析

③　リスクの防止策／危機への対応策の設定

④　リスク防止・危機対応策の効果、妥当性・実現可能性の評価

⑤　リスク・危機を回避するため事業を実施しなかった場合の機会損失の分析・評価

⑥　実施する事業／リスク防止・危機対応策の決定

　以下では、下記事例にあてはめながら、プロセスごとにみていきます。

> 【リスク評価／リスクテイク　事例】
> ○新型コロナウイルス感染症の第3波により、東京工場の操業が6ヵ月間停止し、受注先に納品できないリスク
> ○東京工場の現状は以下のとおり。
> 　・売上高：1億円／月、売上高変動費率：30％、労務費：4,000万円／月、その他固定費：1,000万円／月
> 　・操業時間：8時〜21時、2直体制、休日：土日祝日
> 　・工員は100名。多くは千葉県・埼玉県から電車通勤

①　リスク発生／危機顕在化の確率・蓋然性の分析

　図表3−27に示すとおり、「危機が顕在化した場合の年間被害額」は、「リスクの発生確率」「危機顕在化の確率」「危機の影響範囲」「危機の影響深度」の積によって求められると考えます。

図表 3 −26　リスクの評価／リスクテイク

○リスク発生・顕在化の確率／蓋然性の分析
　　・リスク発生の確率／蓋然性の分析
　　・危機顕在化の確率／蓋然性の分析

○危機が顕在化した場合の影響範囲／影響深度（深刻度）の分析
　　・危機の影響範囲の分析
　　・危機の影響深度（深刻度）の分析

○リスクの防止策／危機への対応策の設定
　　・リスクの防止策の設定
　　・危機への対応策の設定

○防止策・対応策の効果／妥当性・実現可能性の評価
　　・リスクの防止策の効果／妥当性・実現可能性の評価
　　・危機への対応策の効果／妥当性・実現可能性の評価

○機会損失の分析・評価／実施する事業の決定
　　・機会損失の分析・評価
　　・実施する事業の決定

図表 3 −27　リスク発生・顕在化の確率／蓋然性の分析

【危機が顕在化した場合の被害額】

| 危機が顕在化した場合の年間被害額 | = | リスクの発生確率 | × | 危機顕在化の確率 | × | 危機の影響範囲 | × | 危機の影響深度 |

	定義／概算方法
リスクの発生確率	・認識されなかった潜在的リスクが発生する確率 ・当面 1 年間において、リスクが発生する確率を推定 ・すでにリスクを認識している場合は「100％」 ・当面 1 年間で発生する見込みの場合：100％ ・当面 5 年間のうちに発生する見込みの場合：20％（＝ 1 ÷ 5 ）
危機顕在化の確率	・リスクが危機として顕在化する確率 ・当面 1 年間において、危機が顕在化し損害を被る確率を推定 ・当面 1 年間で 2 回顕在化する見込みの場合：200％（＝100％× 2 ） ・当面30年間のうちに50％の確率で発生する見込みの場合：1.7％（＝1÷30×50％）

このうち、「リスクの発生確率」は「認識されなかった潜在的リスクが当面1年間において発生する確率」のことで、すでにリスクを認識している場合は100％、例えば当面5年間のうちに発生する見込みの場合は20％になります。

　また、「危機顕在化の確率」は「当面1年間において危機が顕在化し損害を被る確率」のことで、例えば当面1年間で2回顕在化する見込みの場合は200％、当面30年間のうちに50％の確率で発生する見込みの場合は1.7％（＝1÷30×50％）になります。

【リスク評価／リスクテイク　事例】
・リスクの発生確率：100％
・危機顕在化の確率：90％

---

② 　危機が顕在化した場合の影響範囲／影響深度（深刻度）の分析

　「危機の影響範囲」は「危機が顕在化した場合に損害を被る範囲（顧客数、事業所数・設備数、年間生産・販売数量など）」のことで、具体的には以下のとおり算定します（図表3－28）。

　1）　設備・システム／情報・データの毀損、窃取、改ざんなどの場合

・被害が予想される設備・システムなどの範囲

・復旧に必要な実施事項（設備・システムなどの更新／修繕、情報・データのリカバリ）

　2）　人的・物的被害により操業を縮退・停止した場合

・操業の縮退・停止により遂行できなくなる業務の範囲

　3）　人的・物的被害により外部に損害を与えた場合

・補償・賠償の範囲

　また、「危機の影響深度」は「危機が顕在化した場合の単位当たり損害額（1顧客当たり、1事業所当たり・設備1台当たり、製品1個当たりなど）」のことで、具体的には以下のとおり算定します。

　1）　設備・システム／情報・データの毀損、窃取、改ざんなどの場合

・復旧に必要な各実施事項に係る単位当たり費用

　2）　人的・物的被害により操業を縮退・停止した場合

・操業縮退・停止により遂行できない業務に係る単位当たり逸失利益額

図表3－28　危機が顕在化した場合の影響範囲／影響深度の分析

【危機が顕在化した場合の被害額】

危機が顕在化した場合の年間被害額 ＝ リスクの発生確率 × 危機顕在化の確率 × 危機の影響範囲 × 危機の影響深度

	定義／概算方法
危機の 影響範囲	・危機が顕在化した場合に損害を被る範囲 ・顧客数／事業所数・設備数／年間生産・販売数量等を概算 ・影響範囲は以下のとおり算定 　➢設備・システム／情報・データ等の毀損／窃取／改ざん等の場合： 　　被害が予想される設備・システムなどの範囲、復旧に必要な実施事項 　　（設備・システム等の更新／修繕、情報・データのリカバリ） 　➢人的・物的被害により操業を縮退・停止した場合： 　　操業の縮退・停止により遂行できなくなる業務の範囲 　➢人的・物的被害により外部に損害を与えた場合： 　　補償・賠償の範囲
危機の 影響深度	・危機が顕在化した場合の単位当たり損害額 ・1顧客当たり／1事業所当たり・設備1台当たり／製品1個当たり等を 　概算 ・影響深度は以下のとおり算定 　➢設備・システム／情報・データ等の毀損／窃取／改ざん等の場合： 　　復旧に必要な各実施事項に係る単位当たり費用 　➢人的・物的被害により操業を縮退・停止した場合： 　　操業の縮退・停止により遂行できない業務に係る単位当たり逸失利益 　　額 　➢人的・物的被害により外部に損害を与えた場合： 　　補償・賠償に係る単位当たり金額

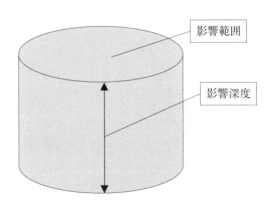

影響範囲

影響深度

3) 人的・物的被害により外部に損害を与えた場合

・補償・賠償に係る単位当たり金額

```
【リスク評価／リスクテイク　事例】
・危機の影響範囲：東京工場
・危機の影響深度：東京工場の6ヵ月間操業停止により逸失する付加価値額
　　　　　　　　　　4億2,000万円（＝1億円／月×（1−30％）×6ヵ月）
・危機が顕在化した場合の年間被害額：3億7,800万円（＝4億2,000万円×90％）
```

③　リスクの防止策／危機への対応策の設定

　危機が顕在化した場合の被害額が算定されたところで、次に「リスク防止策」「危機対応策」の設定を行います（図表3−29）。

　「リスク防止策」は「リスクの発生／危機の顕在化を未然に防止する対策」のことで、以下の2つの対策を設定・実施する必要があります。

・リスクの発生防止策：検知／分析・評価されたリスクを適切に取り除いたり、発生を抑止したりする対策

・危機の顕在化防止策：危機顕在化のメカニズムを踏まえ、多段階でのファイアウォールの設定などにより危機が顕在化することを防止する対策

　また、「危機対応策」は「危機が顕在化した場合の損害額を最小にするための対応策」のことで、以下の2つの対応策を設定・実施することが肝要です。

・暫定対応策：危機発生時の当面の操業確保のために行われる危機の検知・分析・評価／安全確保／暫定体制への移行・運営／復旧などの対応策

・根本対応策：危機回避に係る課題を踏まえて行われる設備の改善・拡充、態勢の整備などの対応策

```
【リスク評価／リスクテイク　事例】
○以下の危機対応策（根本対応策）を実施
　・工場のオートメーション化／省人化の推進
　・リモート管理・オペレーションの導入
　・完全シフト制の導入による24時間365日操業の実現（設備稼働レベルは現状の60％程度
　　に抑制し、月生産量を維持）
```

図表 3 −29　リスクの防止策／危機への対応策の設定

項目	定義	具体的な防止策／対応策
リスク防止策	リスクの発生／危機の顕在化を未然に防止する対策	【リスクの発生防止】 ・リスクの検知 ・リスクの分析・評価 ・リスクの摘除・発生抑止策の実施 ・モニタリング・改善 【危機の顕在化防止】 ・危機顕在化のメカニズムの解明 ・多段階でのファイアウォール等の設定 ・モニタリング・改善
危機対応策	危機が顕在化した場合の損害額を最小にするための対応策	【暫定対応】 ・危機の検知 ・危機の分析・評価 ・当面の操業確保に必要な対応策の実施 ・問題管理（インシデント管理） 【根本対応】 ・危機回避に係る課題の把握 ・危機回避に必要な設備・態勢の整備 ・課題管理

④　リスク防止・危機対応策の効果、妥当性・実現可能性の評価

　設定されたリスク防止・危機対応策について、以下の効果を定量的に算定します（図表3－30）。

　1)　リスク防止・危機対応策による年間被害額の削減効果

・リスクの発生確率／危機顕在化の確率がどれくらい低下するか。

・影響範囲／影響深度がどれくらい縮減するか。

　2)　リスク防止・危機対応策の実施による付随的な効果

・付随的にどれくらいの合理化・効率化が見込まれるか。

・付随的にどれくらいの増収増益が見込まれるか。

　また、リスク防止策／危機対応策の妥当性・実現可能性の評価は、実施効果を踏まえ、以下のとおり行います。

　1)　妥当性の評価

・リスク防止・危機対応に係る十分な効果が見込まれるか。

・リスク防止・危機対応策の実施に必要なイニシャルコスト／ランニングコストと対比して十分な効果が見込まれるか（費用対効果）。

　2)　実現可能性の評価

・必要な資金調達を行い、リスク防止・危機対応に係る初期投資ができるか。

・必要な態勢整備を行い、リスク防止・危機対応策の遂行・管理を継続できるか。

```
【リスク評価／リスクテイク　事例】
○リスク防止・危機対応策による年間被害額の削減効果：3億7,800万円
　・リスク発生の確率／危機顕在化の確率：低下せず
　・影響範囲／影響深度：移動制限下でも操業が確保され、影響はゼロに
○リスク防止・危機対応策の実施による付随的な合理化・効率化効果など：
　　1億800万円＝3億4,800万円（危機対応策による年間利益額※1）－2億4,000万円
　　（現行の年間利益額※2）
　　※1　（1億円/月×（1－30%）－4,000万円/月×70%（労務費削減）－1,000万円/月
　　　　×130%（その他固定費増加））×12ヵ月
　　※2　（1億円/月×（1－30%）－4,000万円/月－1,000万円/月）×12ヵ月
○危機対応策の費用対効果
　・工場のオートメーション化／省人化、リモート管理・オペレーションの導入に係るイ
　　ニシャルコスト：5億円、年間ランニングコスト：2,000万円
　・投資回収期間：4.6年（＝5億円÷（3億4,800万円－2億4,000万円（現状）））
```

図表 3 −30　リスク防止・危機対応策の効果／妥当性・実現可能性の評価

項目	概要
効果の算定	○以下の観点から「リスク防止・危機対応策による年間被害額の削減効果」を算定 　・リスク発生の確率／危機顕在化の確率の低下 　・影響範囲／影響深度の縮減 ○上記のほか、「リスク防止・危機対応策の実施による付随的な合理化・効率化効果など」を算定
妥当性の評価	○リスク防止・危機対応に係る十分な効果が見込まれるか ○リスク防止・危機対応策の実施に必要なイニシャル・ランニングコストと対比して十分な効果が見込まれるか（費用対効果）
実現可能性の評価	○必要な資金調達を行い、リスク防止・危機対応策に係る初期投資ができるか ○必要な態勢整備を行い、リスク防止・危機対応策の遂行・管理を継続できるか

図表 3 −31　機会損失の分析・評価

> 機会損失
> 「危機を全面的に回避するため実施を断念した事業」を実施していた場合に得られたであろう営業利益の年間逸失額

科目	対象事業	
	全事業の場合	特定事業の場合
売上高	・企業全体の売上高	・特定事業に係る売上高
売上原価／販売管理費	・企業全体の売上原価／販売管理費（リスク防止・危機対応策に係る人件費・経費を除く）	・特定事業に係る売上原価／販売管理費（リスク防止・危機対応策に係る人件費・経費を除く）（※）

※　特定が困難な場合は、特定事業に係る売上高／従業員数／有形固定資産で案分して算定する。

⑤　リスク・危機を回避するため事業を実施しなかった場合の機会損失の分析・評価

　実施事業の決定にあたっては、「機会損失」を評価する必要があります。「機会損失」は「危機を全面的に回避するため実施を断念した事業を実施していた場合に得られたであろう営業利益の年間逸失額」のことで、図表3−31に示すとおり、対象事業を特定し、当該事業に係る売上高／売上原価・販売管理費を算定して、機会損失を求めます。

【リスク評価／リスクテイク　事例】
・機会損失：2億4,000万円（＝1億円/月（売上高）×（1−30%（売上高変動費率））
　　　　　　−5,000万円/月（労務費など固定費））×12ヵ月

---

⑥　実施する事業／リスク防止・危機対応策の決定

　リスク防止・危機対応策の実施効果／妥当性・実現可能性の評価、機会損失の評価がそろったところで、「実施する事業」「実施するリスク防止・危機対応策」を決定します。

　「実施する事業の決定」にあたっては、「危機が顕在化した場合の年間被害額」「リスク防止・危機対応策による年間被害額の削減効果」「機会損失」を踏まえ、以下のとおり対応の方向性を決定します（図表3−32）。

　1)　リスク防止・危機対応策実施後の年間被害額が機会損失を上回る場合
・対象事業を実施しない。

　2)　リスク防止・危機対応策実施後の年間被害額が機会損失を下回る場合
・対象事業を実施する。

　また、「実施するリスク防止・危機対応策の決定」にあたっては、以下により対応の方向性を決定します。

　1)　リスク防止・危機対応策の実施に必要な年間費用がリスク防止・危機対応策の効果（年間被害額の削減効果＋付随的な効果）を上回る場合
・当該リスク防止・危機対応策を実施しない。

　2)　リスク防止・危機対応策の実施に必要な年間費用がリスク防止・危機対応策の効果（同上）を下回る場合
・実施効果／費用対効果が最も高いリスク防止・危機対応策を実施する。

図表 3 −32　実施する事業の決定

【対象事業の実施の是非】

ケース	対応の方向性
危機が顕在化した場合の年間被害額 −リスク防止・危機対応策による年間被害額の削減効果 ＞機会損失	対象事業を実施しない
危機が顕在化した場合の年間被害額 −リスク防止・危機対応策による年間被害額の削減効果 ≦機会損失	対象事業を実施する

【リスク防止・危機対応策の実施の是非】

ケース	対応の方向性
リスク防止・危機対応策の実施に必要な年間費用（※） ＞リスク防止・危機対応策による年間被害額の削減効果 　＋付随的な合理化・効率化効果など	当該リスク防止・危機対応策を実施しない
リスク防止・危機対応策の実施に必要な年間費用（※） ≦リスク防止・危機対応策による年間被害額の削減効果 　＋付随的な合理化・効率化効果など	実施効果／費用対効果が最も高いリスク防止・危機対応策を実施する

※　年間維持管理費用＋初期投資額÷初期投資の減価償却期間

【リスク評価／リスクテイク　事例】
・危機が顕在化した場合の年間被害額−リスク防止・危機対応策による年間被害額の削減効果：0（＝ 3 億7,800万円− 3 億7,800万円）
・機会損失： 2 億4,000万円
　→「対象事業を実施する」
・リスク防止・危機対応策の実施に必要な年間費用： 1 億2,000万円（＝2,000万円＋ 5 億円÷ 5 年）
・リスク防止・危機対応策による年間被害額の削減効果： 3 億7,800万円
・付随的な合理化・効率化効果など： 1 億800万円
　→「当該リスク防止・危機対応策を実施する」

3 事業継続力強化計画の策定・実施

(1) 計画の策定

> ・事業継続力強化計画には、「災害など緊急事態発生に際しての事業の継続・復旧」とともに、「事業の持続性・付加価値生産性を高めるための取組み」を盛り込むことが重要である。
> ・事業継続力強化計画の策定は、①検討事項の整理・チェック／不明点・遺漏点の明確化、②モニタリング項目・指標／ポイント・留意点の設定、③基本計画／アクションプランの策定、という手順で行うことが有効である。
> ・事業継続力強化計画の策定にあたっては、「アジャイル的な企画・検討」を推進し、PDCAによる試行錯誤を繰り返して、効率的・効果的に進めていくことが重要である。
> ・事業継続力強化計画を株主・スポンサー、後継者・社員、取引先／仕入・外注先／連携先、取引金融機関、支援機関／税理士・弁護士といったステークホルダーと共有し、一体的に取り組んでいくことが不可欠である。

　事業継続計画（BCP）や事業継続力強化計画は、一般的に「自社の災害リスクを認識して防災・減災対策を講じ、災害など緊急事態発生に際して損害を最小限に抑え事業の継続・復旧を実現する」ことを目的に策定されます。

　しかしながら、本著では「事業継続力」を「いかなる環境下にあっても、リスクを回避し、危機を乗り越え、将来にわたって事業を維持・発展させることができる力」と定義し、「事業継続力を高めていくためには、事業の持続性と付加価値生産性を向上させることが不可欠」としています。

　したがって、本著における「事業継続力強化計画」は、「経営力向上計画」などの要素も織り込み、以下の事項を盛り込んだものとします（図表3－33）。

・事業継続力強化の目的
・企業活動上の課題（事業展開／態勢整備）、リスク管理・危機対応上の課題

図表 3 −33　BCP／事業継続力強化計画の概要

【中小企業庁】

	BCP	事業継続力強化計画	経営力向上計画
目的	災害など緊急事態発生に際し、損害を最小限に抑え事業の継続・復旧に取り組む	自社の災害リスクを認識し、防災・減災対策に取り組む	自社の経営力の向上に取り組む
主な記載事項	○基本方針 ○計画策定・運用体制 ○復旧目標 ○事前対策計画 ○緊急時における発動 ・発動フロー ・避難 ・情報連絡 ・資源確保 ・地域貢献	○事業継続力強化目標 ・事業活動概要 ・強化の目的 ・災害等が事業活動に与える影響 ○事業継続力強化内容 ・災害時等の対応手順 ・対策・取組み ・設備等の取得 ・協力者の概要 ・平時の推進体制等	○現状認識 ・事業概要 ・顧客・市場の動向／競合の動向 ・経営状況 ○経営力向上の目標／経営向上指標 ○経営力向上の内容 ・経営資源の利用 ・具体的な取組み ○設備等の取得

(出典)　中小企業庁ホームページ等に基づき筆者が作成

○「危機の回避・克服」だけでなく、外部環境が世界レベルで大きく変化する中で円滑に事業を継続していくために取り組まなければならない課題を盛り込む必要がある

【望ましい事業継続力強化計画（私見）】

	事業継続力強化計画（私見）
目的	「外部環境の変化」「災害・テロ・感染症等の断続的な危機」に的確に対応するとともに、事業の「持続性」「付加価値生産性」を高め、将来にわたって事業継続力が維持・強化されるよう、事業改革を計画的に推進する
主な記載事項	○事業継続力強化の目的 ○現状認識／企業活動上の問題点／リスク管理・危機対応上の問題点 ○今後の見通し（外部環境／内部環境） ○企業活動上の課題（事業展開／態勢整備） ○リスク管理・危機対応上の課題 ○今後の事業展開／態勢整備に係る具体的な対応策 ○リスク管理・危機対応に係る具体的な対応策 ○計画の実施体制／方法 ○成果目標／モニタリング項目・指標 ○長期収支計画／資金計画

・今後の事業展開・態勢整備／リスク管理・危機対応に係る具体的な対応策
・計画の実施体制／方法
・成果目標／モニタリング項目・指標、長期収支計画／資金計画

① 計画策定のプロセス

「事業継続力強化計画」は、以下の手順で策定することが有効と考えます。

1) 検討事項の整理・チェック／不明点・遺漏点の明確化

まず、本章第1節・第2節を踏まえ、「長期的な事業展開／態勢整備」に向けて実施してきた「現状把握」「今後の見通しの検討」「課題の設定」「具体的対応策の設定」「事業・経営上のリスクの評価」について、整理・チェックを行い、「事業継続力強化計画」の策定に必要な事項が漏れなく明確にされていることを確認します。

その結果、不明点・遺漏点がある場合は、補足的に検討・設定を行います。

2) モニタリング項目・指標／ポイント・留意点の設定

計画を円滑・着実に実施していくためには、具体的な「モニタリング項目・指標」と「ポイント・留意点」を計画に明記することが不可欠です。

以下の点に留意し、「モニタリング項目・指標」「ポイント・留意点」を設定することが有効です（図表3−34）。

・モニタリング項目・指標：なるべく内部管理データを活用してモニタリングの効率性を確保するとともに、「ピンポイントでの問題点の明確化」「改善に向けた的確な課題設定」を実現するため、企業活動上の問題点を客観的・定量的に炙り出せるよう項目・指標を設定する。

・ポイント・留意点：「注意喚起事項の組織的な事前共有」「アドバイス事項の明確化」が円滑に実現されるよう、5W1Hを明確にしつつ、簡潔・平易にポイント・留意点を設定する。

3) 基本計画／アクションプランの策定

計画の取組みは、社員・ステークホルダーが一丸となって進めなければ、実効性が担保されません。それゆえ、長期の基本的な取組みを明確にした「基本計画」とともに、具体的な取組みや役割分担、成果目標などを明確にした「アクションプラン」の双方を策定しなければなりません（図表3−35）。

「基本計画」に基づいて社員やステークホルダーの意思統一を図り、「アクショ

図表 3 －34　モニタリング項目・指標／ポイント・留意点

	モニタリング項目・指標	ポイント・留意点
概要	○計画実施後、取組みが計画どおりに進捗しているか／成果を上げているかを確認するための指標 ○できるだけ具体的かつ定量的に設定することが重要	○計画実施の鍵となる重要事項が円滑・着実に遂行されるよう、注意喚起／アドバイスを行うもの ○5W1Hを明確にしつつ、簡潔・平易に記載することが重要
用途効果	○以下を実現し、「モニタリング・改善」を円滑化 ・ピンポイントでの問題点の明確化 ・改善に向けての的確な課題の設定	○以下を実現し、「計画実施」「モニタリング・改善」を円滑化 ・注意喚起事項の組織的な事前共有 ・アドバイス事項の明確化

図表 3 －35　基本計画／アクションプラン（イメージ）

	基本計画	アクションプラン
目的	長期の基本的な取組みを明確にし、社内での共有／意思統一を図るとともに、株主／金融機関／取引先等のステークホルダーと共有し、協力・サポートを取り付けて、円滑・着実に事業継続力強化を実現する	基本計画に基づく具体的な取組みや役割分担、成果目標等を明確にして計画に携わる全社員と共有し、一丸となって取り組むことにより、事業継続力強化を円滑・着実に実現する
主な記載事項	○事業継続力強化の目的 ○現状認識／企業活動上の問題点／リスク管理・危機対応上の問題点 ○今後の見通し（外部環境／内部環境） ○企業活動上の課題（事業展開／態勢整備） ○リスク管理・危機対応上の課題 ○今後の事業展開／態勢整備に係る具体的な対応策【概要】 ○リスク管理・危機対応に係る具体的な対応策【概要】 ○計画の実施体制／方法【概要】 ○成果目標【概要】 ○長期収支計画／資金計画【概要】	○企業活動上の課題（事業展開／態勢整備）【詳細】 ○リスク管理・危機対応上の課題【詳細】 ○今後の事業展開／態勢整備に係る具体的な対応策【詳細】 ○リスク管理・危機対応に係る具体的な対応策【詳細】 ○計画の実施体制／方法【詳細】 ○成果目標／モニタリング指標【詳細】 ○長期収支計画／資金計画【詳細】

ンプラン」に基づいて社員一人ひとりに「自分の役割や取り組むべきこと」を納得させることが肝要であると考えます。

② アジャイル的な企画・検討　～効率的・効果的な原案策定～

　情報システムの開発手法に、「アジャイル型開発（反復型開発）」というものがあります。これは、開発対象を小規模多数に分割し、それぞれについて「設計→プログラム構築→テスト」という一連の工程を反復して、試行錯誤を繰り返しながら開発を進める手法で、開発途中の仕様変更に柔軟に対応できるほか、ユーザーが設計・テストに深く関与し、ユーザーニーズに沿った開発ができるというメリットがあります（図表3－36）。

　「事業継続力強化計画」は、未曽有の事態に対処し、これまで経験しなかった事業展開・態勢整備を推進するためのもので、完璧な計画を策定し完全無欠に遂行することは不可能です。したがって、計画の策定・実施にあたっては、積極的に「試行錯誤」を行い、走りながら考え、走りながら修正し、走りながら改善・向上していかなければなりません。

　また、事業の持続性／付加価値生産性を高め、事業継続力を強化していくためには、「現場の事実・真相」を計画に反映させることが不可欠です。

　それゆえ、「事業継続力強化計画」の策定にあたっては、構想・企画・検討の段階から、経営・事業企画担当や設計・開発担当だけでなく、生産／営業・販売／物流担当など現場の担当を参画させることが重要です。

　そして、「原案策定→シミュレーション→テスト・検証／問題点抽出→改善検討→原案変更→」という「試行錯誤サイクル」を何度も繰り返し、アジャイル的に企画・検討を進めていくことが有効と考えます（図表3－37）。

③ ステークホルダーとの共有・合意形成

　「事業継続力強化計画」は、決して経営者だけで策定・遂行できるものではありません。「株主／スポンサー」「後継者／社員」「販売先／仕入・外注先／連携先」「取引金融機関」「支援機関／税理士・弁護士等」といったステークホルダーと基本計画／アクションプランを共有し、彼らの自律的・主体的な行動や緊密な協力・連携・支援を促して、一体的に取り組んでいかなければなりません（図表3－38）。

図表 3 −36　アジャイル型開発とウォーターフォール型開発

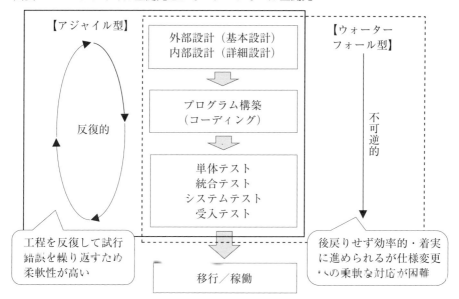

図表 3 −37　アジャイル的な企画・検討

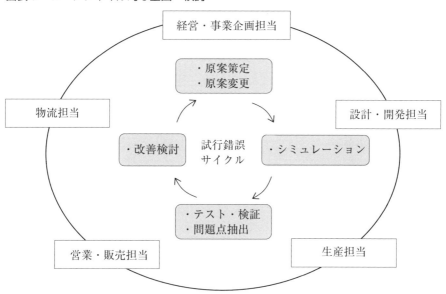

1) **株主／スポンサー**

株主やスポンサーとは基本計画を共有し、長期の基本的な取組みに係る共通認識を形成して、基本計画に基づく事業展開・態勢整備／リスク管理・危機対応に必要な資金の出資などに関する合意を図る必要があります。

2) **後継者／社員**

後継者／社員とは基本計画／アクションプランを共有し、以下の取組みに関して共通認識を形成することが不可欠です。

・今後の事業展開／態勢整備に係る具体的対応策の実施

・今後の事業展開／態勢整備に係るモニタリング／改善策の実施

・リスク管理・危機対応に係る具体的対応策の実施

3) **販売先／仕入・外注先／連携先**

販売先／仕入・外注先／連携先とは基本計画／アクションプランを共有し、以下の取組みへの協力・支援を取り付ける必要があります。

・今後の事業展開（新事業進出／既往事業の拡充・見直し、事業転換、既往事業の縮小・撤退）

・今後の態勢整備（製品・サービスの開発／拡充、事業態勢／取引・連携関係の強化・再構築、要員確保／能力開発、経営管理態勢の強化）

4) **取引金融機関**

取引金融機関とは基本計画／アクションプランを共有し、事業展開・態勢整備／リスク管理・危機対応に必要な金融支援／経営改善支援に関して合意形成を図る必要があります。

5) **支援機関／税理士・弁護士等**

支援機関／税理士・弁護士などとは基本計画／アクションプランを共有し、事業展開・態勢整備／リスク管理・危機対応に必要な各種支援に関して合意を形成することが不可欠です。

図表3－38　ステークホルダーとの共有・合意形成

ステークホルダー	共有／合意形成事項
株主／スポンサー	○基本計画について共有 ○基本計画に基づく事業展開・態勢整備／リスク管理・危機対応に必要な資金に対する出資等に関して合意形成
後継者／社員	○基本計画／アクションプランについて共有 ○基本計画／アクションプランに基づく事業展開・態勢整備／リスク管理・危機対応に係る以下の取組みに関して合意形成 ・今後の事業展開／態勢整備に係る具体的対応策の実施 ・今後の事業展開／態勢整備に係るモニタリング／改善策の検討 ・リスク管理・危機対応に係る具体的対応策の実施
販売先／仕入・外注先／連携先	○基本計画／アクションプランについて共有 ○基本計画／アクションプランに基づく以下の取組みへの協力・支援について合意形成（販売先については、BtoBに限る） ・今後の事業展開（新事業進出／既往事業の拡充・見直し、事業転換、既往事業の縮小・撤退） ・今後の態勢整備（製品・サービスの開発／拡充、事業態勢／取引・連携関係の強化・再構築、要員確保／能力開発、経営管理態勢の強化）
取引金融機関	○基本計画／アクションプランについて共有 ○基本計画／アクションプランに基づく事業展開・態勢整備／リスク管理・危機対応に必要な金融支援／経営改善支援に関して合意形成
支援機関／税理士・弁護士等	○基本計画／アクションプランについて共有 ○基本計画／アクションプランに基づく事業展開・態勢整備／リスク管理・危機対応に必要な各種支援に関して合意形成

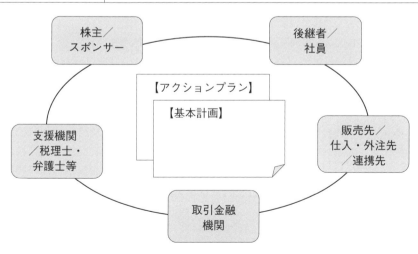

(2) 計画の実行／モニタリング・改善

・事業継続力強化計画の実行は、①業務の試行、②業務の本格実施という手順で行うことが有効である。

・業務の試行にあたっては、現行業務にできるだけ支障を来さないようにするとともに、本格実施への円滑な移行を図るため、「中核事業の改革・改善に資するようにすること」「試行の成果が本格実施の改善や円滑化につながるようにすること」が重要である。

・モニタリングを実施する場合は、「主観を交えず客観的に実施すること」「モニタリングの目的が業務の持続的改善であることを徹底し、過度に業績評価に反映させないこと」が肝要である。

「事業継続力強化計画（基本計画／アクションプラン）」が策定されたところで、次に「計画の実行フェーズ」に移ります。

現行事業の延長線であれば、ストレスなく本格実施できると思いますが、「新たな製品の開発・事業化を行い、新たな市場に投入していく」「現行事業を縮小するとともに、新たな事業に進出する」といった計画の場合、いきなり本格実施すると、様々な障害・問題が発生し、円滑な事業展開に支障を来すおそれがあります。

したがって、こうしたケースにおいては、まず「試行」を行い、抽出された問題を解決してから、「本格実施」に移行することが有効です。

① 業務の試行

試行にあたっては、まず、試行の目的／試行業務・モニタリングの具体的内容／試行業務・モニタリングの実施体制・方法・場所・時期を盛り込んだ「試行計画」を策定します（アクションプランの中で、事前に策定することも一案。図表3－39）。

次に、試行計画に基づいて、以下のとおり試行に係る実施態勢を整備し、試行を開始します。

図表 3 −39　試行（イメージ）

○試行計画の策定
　・試行の目的
　・試行の具体的内容（業務／モニタリングの内容）
　・試行の実施体制（業務試行／モニタリングに係るメンバー／指揮命令系統／役
　　割分担）／実施方法（業務試行／モニタリングの範囲／方法／プロセス）
　・試行の実施場所／実施時期

○試行実施態勢の整備
　・実施体制の構築
　・試行・モニタリングの実施マニュアルの整備
　・実施環境の整備（試行機等の導入／試行・モニタリング環境の整備）

○試行の実施
　・試行計画に基づく試行の実施

【ポイント】
　・現行業務にできるだけ支障を来さないようにする
　・中核事業の改革・改善に資するようにする
　・試行の成果が本格実施の改善や円滑化につながるようにする

○試行のモニタリング／改善
　・試行計画に基づくモニタリングの実施
　・モニタリング結果の分析・評価／問題点の抽出
　・問題点を踏まえた改善策の検討
　・試行における問題点／改善策の本格実施計画への反映

・実施体制の構築（業務試行・モニタリングに係るメンバー／指揮命令系統／役割分担の設定）

・業務試行・モニタリングの実施マニュアルの整備

・実施環境の整備（試行機などの導入、試行・モニタリング環境の整備）

　事業継続力強化計画に基づき試行を行う場合は、以下の点に留意して実施することが重要です（図表3－40）。

・現行業務への影響を極力排除したパイロット環境を整備する。

・中核事業への適用性を考慮したプロトタイプでの試行を行い、中核事業の改革・改善に資するようにする。

・本格実施への連接性を確保し、試行の成果が本格実施の改善や円滑化につながるようにする。

　今まで経験しなかった「新たな事業展開」「新たな事業展開に必要な態勢整備」はリスクが高く、本格実施後に様々な問題・障害が発生することが予想されます。

　したがって、「プロトタイプの構築→プロトタイプの試行→試行結果の検証→プロトタイプの改善検討→プロトタイプの修正・変更→」といった「試行錯誤サイクル」を繰り返し、徹底的に問題点の抽出と原因の究明を行うことが肝要です。

　そして、問題の根本的解決策を検討し、本格実施に向けて業務実施態勢の改善を図り、次の「業務実施計画」へ反映させます。

② 業務の本格実施

　本格実施に向け、業務の具体的内容／実施体制・方法・場所・時期を盛り込んだ「業務実施計画」を策定し、以下のとおり実施態勢を整備します（図表3－41）。

・業務実施体制の構築（メンバー／指揮命令系統／役割分担の設定）

・業務実施マニュアルの整備

・業務実施環境の整備（設備・システムなどの導入、業務環境の整備）

　その際、試行結果を踏まえて改善・拡充を図り、生産／販売・サービス提供／物流・輸送が円滑・着実に行われるようにすることが重要です。

図表 3 −40　パイロット的な試行

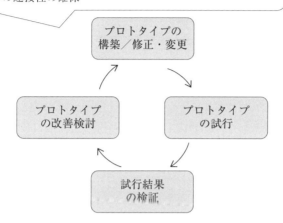

【ポイント】
・現行業務への影響を極力排除したパイロット環境の整備
・中核事業への適用性を考慮したプロトタイプでの試行
・本格実施への連接性の確保

プロトタイプの
構築／修正・変更

プロトタイプ
の改善検討

プロトタイプ
の試行

試行結果
の検証

図表 3 −41　本格実施（イメージ）

○試行のモニタリング／改善

○業務実施計画の策定
・業務の具体的内容
・業務の実施体制（メンバー／指揮命令系統／役割分担）／実施方法・プロセス
・業務の実施場所／実施時期

○業務実施態勢の整備
・実施体制の構築
・業務実施マニュアルの整備
・実施環境の整備（設備・システム等の導入、業務環境の整備）

○業務の本格実施
・基本計画・アクションプラン等に基づく事業展開

○モニタリング／改善
・モニタリングの実施
・モニタリング結果の分析・評価／問題点の抽出
・問題点を踏まえた改善策の検討／実施

また、基本計画／アクションプランに基づいて本格的に業務を実施する場合も、定期的にモニタリングを行い、問題点を抽出して改善につなげていくという「PDCA」を徹底することが必要です。

③　モニタリング／取組みの改善

　「モニタリング／取組みの改善」を行うにあたっても、具体的なモニタリング項目・指標やモニタリングの具体的内容／実施体制・方法・場所・時期を盛り込んだ「モニタリング計画」を策定することが重要です（業務実施計画と一体的に策定することも可。図表3－42）。

　そして、以下のとおりモニタリング態勢を整備し、計画に基づいてモニタリングを実施します。

・モニタリング実施体制の構築（メンバー／指揮命令系統／役割分担の設定）
・モニタリング実施マニュアルの整備
・モニタリング実施環境の整備

　モニタリングの実施にあたっては、モニタリングの趣旨・目的を踏まえ、以下の点を徹底することが肝要です。

・主観の排除／ファクトファインディングを徹底し、客観的に実施する。
・モニタリングの目的が「業務の持続的改善」であることを徹底し、過度に業績評価に反映させない。

　モニタリング終了後、その結果を分析・評価し、以下の点に留意して事業展開／事業態勢における問題点を抽出し、改善策を検討します。

・モニタリング結果を踏まえて根本原因・真相を究明し、事業展開／事業態勢における問題点を具体的・定量的に把握する。
・「問題の解決に結び付き、改善効果が見込まれるか」「現行の事業態勢／資金調達力からみて実現可能か」を十分に検討して、具体的な改善策を設定する。

　改善策の適用にあたっては、必要に応じてパイロット的な試行を実施し、適用性を確認したうえで、業務実施計画の変更に反映させることが有効です。

図表3－42　モニタリング（イメージ）

○モニタリング計画の策定
　・モニタリング項目・指標
　・モニタリングの具体的内容
　・モニタリングの実施体制（メンバー／指揮命令系統／役割分担）
　・モニタリングの実施方法・プロセス
　・モニタリングの実施場所
　・モニタリングの実施時期

○モニタリング態勢の整備
　・モニタリング実施体制の構築
　・モニタリング実施マニュアルの整備
　・モニタリング実施環境の整備

○モニタリングの実施

　【ポイント】
　・主観を交えずモニタリング項目・指標に基づいて客観的に実施
　・モニタリングの目的が「業務の持続的改善」であることを徹底し、過度に
　　業績評価に反映させない

○改善の実施
　・モニタリング結果の分析・評価／問題点の抽出
　・問題点を踏まえた改善策の検討／実施

　【ポイント】
　・問題点を具体的・定量的に把握
　・改善策の検討にあたっては、以下の点を十分に考慮
　　➢妥当性：問題の解決に結び付き、改善効果が見込まれるか
　　➢実現可能性：現行の事業態勢／資金調達力からみて実現可能か

○業務実施計画の変更
　・モニタリングに基づく問題点／改善策を反映

(3)　リスク管理・危機対応

> ・リスクの発生／危機の顕在化を未然に防止するため、リスク管理計画に基づいて態勢整備を行い、リスク管理を実施することが必要である。
> ・リスクが危機として顕在化した場合の損失を最小にするため、危機対応計画に基づいて態勢整備を行い、危機への暫定対応／根本対応を実施することが必要である。

　一般的な「経営改善計画」などにおいては、事業態勢／経営管理態勢から切り出して「リスク管理態勢／危機対応態勢」を検討することは、あまりありませんが、「事業継続力強化計画」においては、非常に重要な項目として位置づけられます。

①　リスク管理・危機対応に係る5W1H
　以下のとおり、リスク管理／危機対応に関する「5W1H」を「事業継続力強化計画」に明記し、当事者間／当事者・ステークホルダー間で認識を共有することが必要です（図表3－43）。
1）　趣旨・目的
　対象となるリスク／危機を明確にし、リスク管理／危機対応の趣旨・目的を具体的に設定する。
2）　実施者・体制
　リスク管理／危機対応に係る「実施者・ステークホルダー」「実施体制（メンバー、責任・権限／役割分担、指揮命令系統、連携／コミュニケーション）」を明確にする。
3）　実施内容／方法
　リスク管理／危機対応に係る「課題（取組みの方向性）」「実施内容／実施方法」を具体的に設定する。
4）　実施時期／場所
　リスク管理／危機対応に係る「具体的な実施時期・スケジュール・期限」「具体的な実施場所」を明確にする。

図表 3−43　リスク管理／危機対応に係る5W1H

5W1H	明確にすべき事項
趣旨・目的	○以下のリスクの発生／危機の顕在化を防止する 　・人的リスク 　・物的リスク 　・取引先リスク 　・レピュテーショナルリスク 　・リーガルリスク 　・カントリーリスク ○以下の危機が顕在化した場合の損失を最小にする 　・自然災害 　・紛争・事件・事故・感染症 　・サイバーテロ 　・社内の障害・トラブル／労働災害／不正・不祥事
実施者・体制	○リスク管理体制 　・メンバー（経営者／社員／その他ステークホルダー） 　・責任・権限／役割分担 　・指揮命令系統 　・連携／コミュニケーション ○危機対応体制 　・メンバー（経営者／社員／その他ステークホルダー） 　・責任・権限／役割分担 　・指揮命令系統 　・連携／コミュニケーション
実施内容／方法	○課題（取組みの方向性） 　・リスク管理上の課題 　・危機対応上の課題 ○リスク管理の内容／方法 　・リスク管理対象・範囲 　・具体的なリスク 　・具体的なリスク発生／危機顕在化防止策 　・具体的なリスク管理方法（リスクの検知／分析・評価／防止策の実施／モニタリング・改善） ○危機対応の内容／方法 　・危機対応対象・範囲 　・具体的な危機 　・具体的な暫定対応／根本対応策 　・具体的な危機対応方法（危機の検知／内容・状況把握／暫定・根本対応／問題・課題管理）
実施時期／場所	○リスク管理の時期／場所 　・具体的な実施時期・スケジュール・期限 　・具体的な実施場所 ○危機対応の時期／場所 　・具体的な実施時期・スケジュール・期限 　・具体的な実施場所

② リスク管理態勢の整備／リスク管理の実施

　リスク管理の目的は以下の２点であり、相当高度な取組みを錯誤・遺漏なく遂行しなければなりません。

・潜在的なリスクが顕在化する（リスクが発生する）のを防止すること

・リスクが危機として顕在化するのを未然に防止すること

　したがって、リスク管理の実施にあたっては、まず、リスク管理の項目・指標／具体的内容／実施体制・方法・場所・時期を盛り込んだ「リスク管理計画」を策定し、以下のとおり「リスク管理態勢の整備」を適切に行うことが不可欠です（図表３−44）。

・リスク管理の実施体制の構築（メンバー／指揮命令系統／役割分担の設定）

・リスク管理実施マニュアルの整備

・リスク管理の実施環境の整備

　そして、こうした態勢の下、以下の対策を計画的・組織的に実施することが重要です。

1)　リスクの発生防止：潜在的なリスクを検知し、分析・評価したうえでリスクの摘除策／発生防止策を検討・実施し、防止策のモニタリング・改善を行う。

2)　危機の顕在化防止：リスクが危機として顕在化するメカニズムを解明し、プロセスを踏まえて多段階でのファイアウォールの設定など危機の顕在化防止策を検討・実施し、防止策のモニタリング・改善を行う。

③ 危機対応態勢の整備／危機対応の実施

　危機対応の目的は、「リスクが危機として顕在化した場合の損失を最小にすること」ですが、危機発生時にあわてることなく、円滑・着実に対応することが要求されます。

　したがって、リスク管理同様、計画的・組織的に取り組むことが不可欠であり、危機対応の項目・指標／具体的内容／実施体制・方法・場所・時期を盛り込んだ「危機対応計画」を策定し、以下のとおり「危機対応態勢の整備」をしっかり行わなければなりません（図表３−45）。

・危機対応の実施体制の構築（メンバー／指揮命令系統／役割分担の設定）

・危機対応実施マニュアルの整備

・危機対応の実施環境の整備

図表3-44　リスク管理（イメージ）

○リスク管理計画の策定
　・リスク管理項目・指標
　・リスク管理の具体的内容
　・リスク管理の実施体制（メンバー／指揮命令系統／役割分担）／方法・プロセス
　・リスク管理の実施場所／時期

○リスク管理態勢の整備
　・リスク管理の実施体制の構築
　・リスク管理実施マニュアルの整備
　・リスク管理の実施環境の整備

○リスク管理の実施（リスク発生／危機顕在化を未然に防止する取組み）
　・リスクの発生防止
　　➤リスクの検知／分析・評価
　　➤リスクの摘除・発生防止策の実施
　　➤防止策のモニタリング・改善
　・危機の顕在化防止
　　➤危機顕在化のメカニズムの解明
　　➤多段階でのファイアウォールの設定等危機の顕在化防止策の実施
　　➤防止策のモニタリング・改善

図表3-45　危機対応（イメージ）

○危機対応計画の策定
　・危機対応の項目・指標
　・危機対応の具体的内容
　・危機対応の実施体制（メンバー／指揮命令系統／役割分担）／方法・プロセス
　・危機対応の実施場所／時期

○危機対応態勢の整備
　・危機対応の実施体制の構築
　・危機対応実施マニュアルの整備
　・危機対応の実施環境の整備

○危機対応の実施（危機が顕在化した場合の損失を最小にする取組み）
　・暫定対応
　　➤危機の検知／内容・状況把握
　　➤当面の操業確保に必要な対応策の実施
　　➤問題管理（インシデント管理）
　・根本対応
　　➤危機回避に係る課題の把握
　　➤危機回避に必要な設備・態勢の整備
　　➤課題管理

具体的な危機対応策としては、以下の２つに大別され、双方を相乗的に実施することにより、効果的な危機対応を実現することが重要です。

1) **暫定対応**：危機を検知し内容・状況を的確に把握して、危機発生時の安全確保／暫定体制への移行・運営／対外説明／復旧といった当面の操業確保に必要な対応策（暫定策）を実施し、問題管理（インシデント管理。暫定策のモニタリングを行い、問題の解消を図ること）を行う。

2) **根本対応**：危機回避に係る根本課題を的確に把握し、今後の危機回避に必要な設備・態勢の整備（根本策）などを実施して、課題管理（根本的な解決や再発防止に向けて取り組むべき課題の着実な実施を図ること）を行う。

管理区分	概　要
問題管理	業務・作業や計画に基づく取組みに関する問題・障害・トラブルが発生した場合、問題の内容の把握、原因の究明、解決策の設定・実施、モニタリングを行い、問題の解消を図る
課題管理	「根本的な解決や再発防止に向けて取り組むべき課題（テーマ）」が生じた場合、現状把握、原因・真相の究明、根本的な解決策の設定・実施、モニタリングを行い、課題の着実な実施を図る

第IV章

いかなる環境下でも、
生き残るために

危機の発生は「チャンス」
～これを契機に改革・改善を推進～

　最終章になりましたので、「触れると熱いが、のどもと過ぎて胃の腑に落ちると体の芯から温まる御御御付」のようなお話をして締めたいと思います。以下は、筆者の私見に基づくものですので、お含みおきください。

　第Ⅰ章の冒頭から相当辛いお話をして、「お先真っ暗」と感じた方もいらっしゃると思いますが、端々で「機会と脅威は表裏一体」「危機の発生により深刻な脅威が発生すると同時に、ダイヤモンドの原石のような機会が生み出される」といったことを申し上げてきました。

　図表4－1に示すとおり、危機が発生し外部環境上の問題が顕在化すると、需要側で「問題解消ニーズ」が発生し、供給側に対し「新たな需要・ニーズへの対応」が要求されるようになります。

　これに対し、「新たな事業展開」を指向し、必要な事業態勢を整備して、新たな需要・ニーズに応えることができれば、「機会の獲得」が叶います。

　逆に、新たな事業展開／態勢整備ができなかった場合には、機会を逸するだけでなく、機会を獲得した成功者との間で競争力の格差が生まれ、脅威に直面することになるかもしれません。

　このように、同じ危機に直面しても、事業展開／態勢整備の取組み次第で機会を獲得できたり、脅威にさらされたりします。競合先が足並みを揃えるようなことはなく、「赤信号、皆で渡れば怖くない」とはいかないのです。

　もう少し、具体的に考えてみましょう。図表4－2は、昨今の状況を踏まえ、以下のようなニーズが発生した場合の事例を示しています。

1)　「食品・食材／衣料品／住設・生活用品などを自宅に供給してほしい」
　　「自宅にいながら生活の維持・向上に必要なサービスを受けたい」
2)　「通勤せず自宅などで勤務して収入を得たい」

　1)のようなニーズが発生した場合には、「宅配／出張／リモートサービスの拡充」といった事業展開が得策と考えられます。具体的には、オンラインショッピングの拡充、宅配の小口・多頻度・迅速化を進めるとともに、「宅配する商品」

図表 4 - 1　危機発生による新たな事業展開

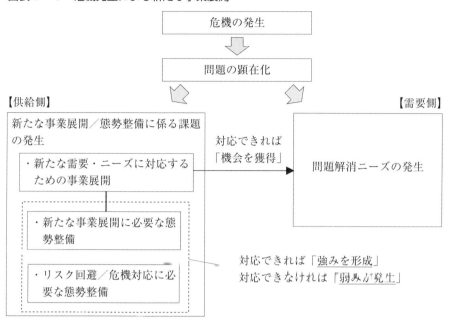

や医療・介護・生活支援サービス／VR・ARを活用したサービス／オンライン
ゲーム／映像・音声配信サービスなど「出張・リモートで提供するサービス」を
構築・拡充するといった取組みが有効といえるでしょう。

　ただ、現行の事業態勢では、こうした新たな事業展開を行うことは困難なた
め、以下のような態勢整備を行わなければなりません。

・宅配する商品の品揃え拡充、機能・性能・効用／品質の向上
・出張・リモートサービスの新規開発・拡充
・宅配／出張・リモートサービスに係る体制・方法の構築／拡充
・オンライン店舗の拡充、電子決済基盤の強化
・VR・AR端末の普及促進、VRなどを活用したサービス提供態勢の構築

　また、2)のようなニーズに対しては、「テレワーク・リモートワーク環境の企
業向け提供サービス」といった新たな事業が創出されることが予想されます。例
えば、テレワークなどの導入を検討する事業者に対して、クラウドコンピュー
ティングを活用したテレワーク・リモートワーク環境の整備／運用をパッケージ
で提供するサービスなどが現れるかもしれません。

　しかし、単にこうしたサービスを利用するだけでは、業務を効率的・効果的に
進めることはできず、利用者側でも以下のような態勢整備が不可欠です。

・コミュニケーションツールやVR・ARを活用した会議・打合せの推進
・RPAによる事務処理自動化、決裁の電子化／ペーパーレス化の推進
・AI・ビッグデータ解析による情報収集・分析・評価の推進
・ネットワーク／エッジコンピューティングの拡充
・技術・ナレッジのデータ化の推進
・工場・物流拠点などのFA化、IoTによる遠隔監視・コントロールの強化、電
　子決済システムの構築などによる省人化の推進

　こうした態勢整備には多額の投資が必要でリスクも小さくありません。しかし
ながら、新たな機会を獲得するとともに、将来に向けて事業の持続性・付加価値
生産性を高めることにもつながります。

　まさに「危機の発生はチャンス」といえるのです。

図表 4 - 2 　危機発生による新たな事業展開の例

【新たな需要・ニーズに対応する事業展開】

○宅配／出張／リモートサービスの拡充
・オンラインショッピングの拡充
・宅配する商品・サービスの拡充
・宅配の小口・多頻度・迅速化の推進
・医療・介護・生活支援サービスの拡充
・VR・ARサービスの拡充
・オンラインゲーム／映像・音声配信サービス等の拡充
・電子決済の拡充・推進

○テレワーク／リモートワーク環境の提供
・テレワーク・リモートワーク環境提供サービスの構築、企業向け提供

【新たな事業展開に必要な態勢整備】

○宅配サービス等の提供態勢の拡充
・宅配商品・サービスの機能・性能・効用／品質の拡充
・販売／物流体制・方法の拡充
・出張・リモートサービスの内容・範囲／提供体制・方法の拡充

○ICT化の推進
・コミュニケーションツール／ VR・AR等による会議・打合せ等の電子化／バーチャル化の推進
・RPAによる事務処理自動化の推進
・AI・ビッグデータ解析による情報収集・分析・評価の推進
・決裁の電子化／ペーパーレス化の推進
・ネットワーク／エッジコンピューティングの拡充

○工場・店舗・事務所の無人化／バーチャル化の推進
・技術・ナレッジのデータ化推進
・工場・物流拠点等のFA化の推進
・IoTによる遠隔監視・コントロールの強化
・オンライン店舗の拡充
・電子決済基盤の強化
・VR・AR端末の普及促進／ VR・ARサービスの拡充

【問題解消ニーズ発生】

○食品・食材／衣料品／住設・生活用品等を自宅に供給してほしい

○自宅にいながら生活の維持・向上に必要なサービスを受けたい

○通勤せず自宅等で勤務して収入を得たい

必要なのは「想像力」
～過去の経験や前例にとらわれない～

「事業継続力強化」には「何事にもとらわれない想像力」が不可欠です。

社会学・心理学・大脳生理学などに関しては全くの素人ですが、経験上、「将来を想像するメカニズム」は、図表4－3に示すようなものであると考えます。すなわち、外部環境／内部環境の現状や過去の経験・前例を踏まえつつ、「将来は、現状・過去と比べて何が同じで、何が異なるのか」とFit＆Gap分析を行って「将来像」を思い描き、それに適合するために「わが社はどうあるべきか」「あるべき姿になるために何をやるべきか」を想定する、といった感じではないでしょうか。

この時、現状の認識が甘かったり、過去の経験や前例にとらわれ過ぎたりすると、「想像の幅」が狭められ、将来像を的確に描くことができず、「想定外だ」「想定が甘かった」という事態を招いてしまいます。

では、こうした失敗を犯さないためには、どうすればよいのでしょうか。結論からいえば、「bestな解はなく、betterな解を求めるしかない」という非常にずるい回答になってしまいます。

「bestな解」とは、「絶対的に正しい想像をすること」で、これが実現不可能なのは一目瞭然です。人は全知全能ではなく、見えざる手に翻弄される存在です。「絶対的に正しい想像をすること」は望むべくもありません。

他方、「betterな解」とは、「誰もが納得する想像をすること」だと考えます。すなわち、事前に想像した「将来像」を社員やステークホルダーと共有し、誰もが「そうだよねえ」と納得するような「想像」、事後、想像が外れても、誰もが「仕方ないよねえ」「外れたけど、事業の持続性・付加価値生産性が高まったから、よかったよねえ」と納得するような「想像」のことです。これも、リスクヘッジをしているようで、ずるいですねえ。

ただ、「事業継続力」を高めていくうえでは、こうした「誰もが納得する想像」が不可欠であると考えます。

図表 4 - 3　将来の想像（イメージ）

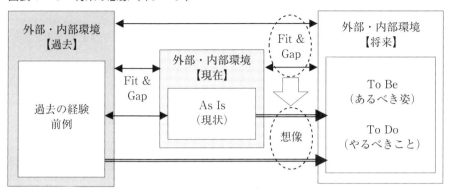

図表 4 - 4　事業・経営における想像力の源泉（イメージ）

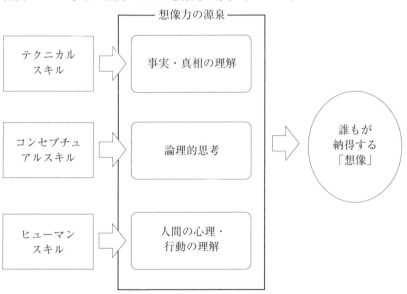

「誰もが納得する想像」を実践するためには、経営者自身が「事実・真相の理解」「論理的思考」「人間の心理・行動の理解」という「想像力の源泉」に磨きをかけ、以下のような取組みをリードしていくことが不可欠であると考えます（図表4－4）。

1)　外部環境や内部環境に関する情報・データを収集／蓄積／分析・評価して根本原因などを究明し、事実・真相に対する理解を深める。

2)　分析・評価された情報・データや把握・究明された事実・真相を踏まえて論理的に考察し、「To Be（あるべき姿）」「To Do（やるべき課題）」を導出して、将来に向けた具体的取組みを的確に立案する。

3)　人間の心理／行動原理を深く理解したうえで、把握・究明された事実・真相、導出・立案された将来像・課題・将来に向けた具体的取組みについて、社員やステークホルダーに的確・明瞭に説明し、納得感の高い合意形成を図る。

　さて、偉そうなことをお話ししてきましたが、「想像力」を高めることは容易ではありません。われわれは、過去の危機発生時において「想定外だった」「想定が甘かった」という企業経営者の弁明を何度も聞いてきました。

　かくいう筆者も、想像力の欠如により数々の失敗を繰り返してきました。

　中でも、融資した企業が倒産したり、逆に、融資を謝絶した企業がその後も事業を継続していたりといった失敗は、今でも後悔の念に駆られます。

　特に、後者のケースは罪の意識が重く、案件ごとに「事実の把握・真相の究明が足りなかったのではないか」「論理的な考察が足りなかったのではないか」「人間の心理・行動の分析が足りなかったのではないか」と猛省しながら検証を行い、失敗を糧に知識・経験の蓄積／スキルアップに努め、想像力のレベルアップを図るようにしてきました（図表4－5）。

　某TV番組のやらかした先生の教訓のようになりますが、「想像力」を高めていくためには、過去の成功体験や前例にとらわれないようにするとともに、過去の失敗を踏まえて「想像の幅」を広げ、柔軟に思い巡らすことが重要だと考えます。

図表 4 - 5　筆者の自戒

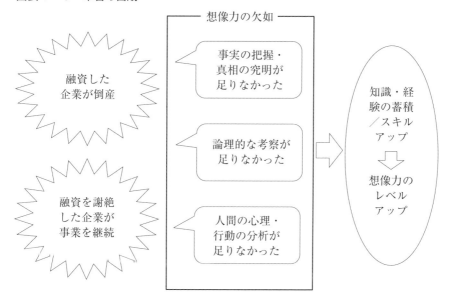

危機の発生は「所与」
～あらゆることを想定し、必要な準備を～

　本節では、「危機の発生を『所与のこと』として捉え、あらゆることを想定して必要な準備をしなければならない」というようなお話をします。

　前節で申し上げたとおり想像力を高め、危機の発生に関して思いを巡らせていくと、「今まで経験したことがないようなものを含め、危機は必ず発生する」という結論に行き着きます。

　こう断言してしまうと、身も蓋もない話になりそうですが、問題は「どういう危機（Who）が、どのような原因（Why）で、いつ（When）、どこで（Where）、どのように（How）発生し、どのような被害（What）がもたらされるのか」ということだと思います。

　「いつか、こういう危機が発生する」というのは、あくまで「リスク」であり、「危機として顕在化したもの」ではありません。禅問答のようですが、危機に関する無数のリスクがあふれていることを考えると、「危機の発生は『所与』＝危機は必ず発生する」ということは自明といえます。

　しかしながら、われわれの関心は「そのリスクが、危機として顕在化するのか」「顕在化するとしたら、具体的にいつ、どのように顕在化するのか」「顕在化した場合、どれくらいの被害が発生するのか」といったことにあります。

　それゆえ、リスク管理／危機対応態勢をしっかり整備し、リスクの検知／分析・評価、リスク発生や危機顕在化を防止するための対応策／危機が顕在化した場合の対応策の設定・実施を適切に行う必要があります。

　また、危機の発生時期・場所／影響範囲・深刻度を具体的に想定し、できる限り準備を行って、新たな事業展開や態勢整備を進めなければなりません（図表4－6）。

　事業継続や企業経営の話ばかりしてきましたので、リフレッシュのため、空想世界の事例について考えてみましょう（図表4－7）。

　SFの世界で、しばしば採り上げられるテーマとして「あらゆる環境変化から、人類をいかに救うか」というものがあります。

図表 4 - 6　すべての危機は「所与」

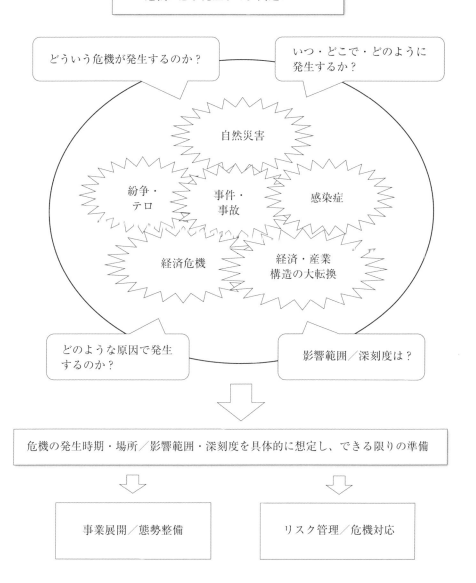

危機は必ず発生する。問題は‥‥

どういう危機が発生するのか？

いつ・どこで・どのように
発生するか？

自然災害

紛争・
テロ

事件・
事故

感染症

経済危機

経済・産業
構造の大転換

どのような原因で発生
するのか？

影響範囲／深刻度は？

危機の発生時期・場所／影響範囲・深刻度を具体的に想定し、できる限りの準備

事業展開／態勢整備

リスク管理／危機対応

筆者は、「このまま地球にとどまり続ければ、最終的に太陽の赤色巨星化・爆発などにより地球上の生物が死滅する」と想像していますが、その前に「巨大隕石の衝突」「劇的な地殻・気候変動」「インベーダーの侵攻」などによって、人類が滅亡の危機に瀕することになるかもしれません。

　いずれにしても、「このままでは、いつか人類は滅亡する」ということを否定するのは、残念ながら困難といわざるを得ません。ですから、本テーマを現実問題として受け止め、対応を考える場合、「人類を滅亡に導く危機がどういうもの（Who）で、どのような原因（Why）で、いつ（When）、どこで（Where）、どのように（How）発生し、どのような被害（What）がもたらされるのか」ということを、まず明らかにしなければなりません。

　宇宙探査・開発などに取り組む機関が、すでに検討しているかもしれませんが、人類を滅亡から救うためには、あらゆる危機を想定し、各危機について発生理由・原因／具体的内容／発生時期・場所／発生メカニズムを明確にして、具体的な対応策やアクションプランを策定し、着実に実行していかなければなりません。例えば、以下のような対応策が考えられます。

1)　宇宙空間の隕石の解析／破壊・軌道修正
2)　過酷な自然環境下で居住・経済活動を継続するための環境の整備
3)　地球からの脱出／他の惑星への移住

　1)に関しては、根本的な解決につながるものではありませんが、すでに直面している危機への暫定的な対応策として地道に取り組む必要があります。また、3)に関しては実現可能性があるのか、ないのか、想像すらできませんが、根本的な解決策として検討していかなければなりません。

　したがって、対応策の取組順位やプロセス、他の対応策との関係・連接性などを明確にし、「人類継続計画（事業継続力強化計画）」に盛り込むことが不可欠であると考えます。すなわち、あらゆる事象と対応策の組合せ／実施プロセス・効果を推定し、「万が一にも人類を滅亡させない（企業を倒産させない）」という難題に取り組まなければなりません。

　思い切り想像力を働かせたつもりですが、不毛な話になってしまいました。

図表4－7　すべての危機は「所与」の事例　〜地球の崩壊／人類の滅亡〜

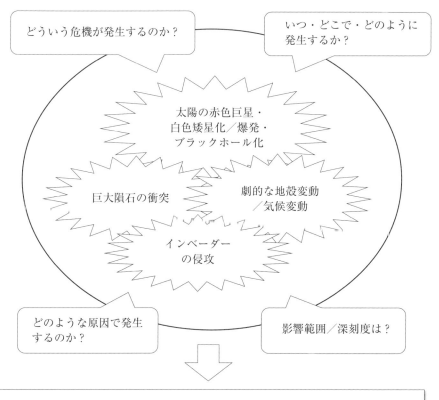

地球は必ず崩壊し、このまま行けば人類は滅亡する。問題は‥‥

どういう危機が発生するのか？

いつ・どこで・どのように発生するか？

太陽の赤色巨星・白色矮星化／爆発・ブラックホール化

巨大隕石の衝突

劇的な地殻変動／気候変動

インベーダーの侵攻

どのような原因で発生するのか？

影響範囲／深刻度は？

危機の発生時期・場所／影響範囲・深刻度を具体的に想定し、できる限りの準備

隕石の解析／破壊・軌道修正

過酷な自然環境下で居住・経済活動を継続するための環境の整備

地球からの脱出／他の惑星への移住

4 事業継続は「経営者の責任」
～他に依存せず、自律的な取組みを～

　最終章においても、一部の企業経営者にとっては耳の痛い、厳しい話をしなければなりません。個別ケースでは、角が立つため、筆者は社長に面と向かってこういう話をしたことはありませんが、本著を通じて不特定多数の方に申し上げるのであれば、差し支えないでしょう。

　中小企業政策の根幹をなす「中小企業基本法」では、「基本理念（第3条）」として以下の規定が記されています（図表4－8）。

　「独立した中小企業者の自主的な努力が助長されることを旨とし、その経営の革新及び創業が促進され、その経営基盤が強化され、並びに経済的社会的環境の変化への適応が円滑化されることにより、その多様で活力ある成長発展が図られなければならない」

　また、「中小企業者の努力等（第7条）」には、以下のとおり規定されています。

　「中小企業者は、経済的社会的環境の変化に即応してその事業の成長発展を図るため、自主的にその経営及び取引条件の向上を図るよう努めなければならない」

　わが国は資本主義経済下にあり、当然のことながら、中小企業であっても「自主的な努力により、自律的に経営の向上」を図らなければなりません。われわれ政府系を含め金融機関としても、「自主的な取組みによって経営向上や事業継続が期待される」ということが見極められなければ、金融支援・経営改善支援を行うことができません。

　確かに、外部環境の悪化や危機の発生は他律的で、企業経営者が変えることができたり、誰かがコントロールできたりするようなものではありません。

　しかし、だからといって事業継続が困難になった理由を専ら外部環境の悪化や危機の発生に求めるような企業経営者を評価することはできません。

図表 4 - 8　中小企業基本法等における「中小企業の自主的取組み」

中小企業基本法（昭和38年 7 月20日法律第154号）　抜粋

（基本理念）
第三条　中小企業については、多様な事業の分野において特色ある事業活動を行い、
　多様な就業の機会を提供し、個人がその能力を発揮しつつ事業を行う機会を提供す
　ることにより我が国の経済の基盤を形成しているものであり、特に、多数の中小企
　業者が創意工夫を生かして経営の向上を図るための事業活動を行うことを通じて、
　新たな産業を創出し、就業の機会を増大させ、市場における競争を促進し、地域に
　おける経済の活性化を促進する等我が国経済の活力の維持及び強化に果たすべき重
　要な使命を有するものであることにかんがみ、独立した中小企業者の自主的な努力
　が助長されることを旨とし、その経営の革新及び創業が促進され、その経営基盤が
　強化され、並びに経済的社会的環境の変化への適応が円滑化されることにより、そ
　の多様で活力ある成長発展が図られなければならない。

（中小企業者の努力等）
第七条　中小企業者は、経済的社会的環境の変化に即応してその事業の成長発展を図
　るため、自主的にその経営及び取引条件の向上を図るよう努めなければならない。

等しく厳しい経営環境を余儀なくされても、すべての中小企業が事業継続困難な状況に陥っているわけではありません。不断の自助努力によって事業の持続性・付加価値生産性の向上を図り、事業継続力の強化を進めてきた中小企業は多数存在します。

　企業経営者は、「業務執行」「監督」の権限を有し、自社の内部環境（経営資源）を変え、事業・経営を変えることができます（図表4−9）。
　すなわち、業務執行／監督に関する権限を執行して、「新たな事業展開」「態勢の強化／再構築」「リスク管理／危機対応の推進」といった事業継続に必要な取組みを実施することができます。こうした取組みにより、事業の安全性・柔軟性・成長性を高め、採算性・効率性を向上させることができます。
　このように、企業経営者は内部環境や事業・経営を変えることができますが、言い方を変えれば、「企業経営者しか内部環境や事業・経営を変えることができない」「企業経営者は、内部環境や事業・経営を変えることができる唯一無二の存在である」ということになります。
　業務執行／監督に関する権限と経営責任は「表裏一体」のもので、密接不可分のものです。
　したがって、企業経営者は、業務執行／監督に関する権限を執行して事業の持続性・付加価値生産性を高め、事業を継続することにより、以下の「責任を全う」しなければなりません。
・雇用を確保し、社員・家族の生活を保障する責任
・地域企業との取引を強化・拡大し、地域経済の振興・発展に貢献する責任
　本節の冒頭、厳しい話をすると申し上げましたが、「事業継続は、まさに『経営者の責任』であり、他に依存せず、自律的に取り組まなければならない」ということを、企業経営者一人ひとりの肝に銘じることが必要であると考えます。
　次節でも申し上げますが、われわれ金融機関は、そうした企業経営者に寄り添い、運命を共にしなければなりません。それゆえ、われわれは企業経営者に「責任をとる覚悟」を問いたいのです。

図表 4 - 9　事業継続に係る「経営者の責任」

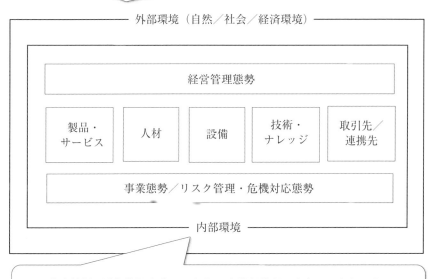

他律的で、企業経営者が変えることは困難
他の誰かが変えてくれることも期待できない

外部環境（自然／社会／経済環境）

経営管理態勢

| 製品・サービス | 人材 | 設備 | 技術・ナレッジ | 取引先／連携先 |

事業態勢／リスク管理・危機対応態勢

内部環境

業務執行／監督権限を有しており、企業経営者は変えることができる
（＝企業経営者しか変えられない／企業経営者には変える責任がある）

業務執行／監督権限と経営責任は「表裏一体」（密接で切り離せない）

【権限】

業務執行／監督権限を執行して
事業継続に必要な以下の取組み
を実施
・新たな事業展開
・態勢の強化／再構築
・リスク管理／危機対応の推進

【責任】

事業を継続することにより、自社の振
興・発展を図るとともに、以下の責任
を全う
・雇用の確保／社員・家族の生活保障
・取引の強化・拡大／地域経済の振
　興・発展への貢献

5 事業継続を支えるのは「金融機関の使命」
～地域中小企業と運命を共に～

　わが国の中小企業は、米国企業や大企業に比べて間接金融への依存度が高く、将来に向けて事業継続力の強化を図っていくためには、金融機関の支援が欠かせません。

　今般の新型コロナウイルス感染症の災禍において、あまたの中小企業が当面の資金を確保し、直面する危機を果敢に乗り越えてきましたが、中小企業における事業継続力強化の取組みは、これから本格化します。しかも、事業の「持続性」「付加価値生産性」を高めるためには、小手先の経営改善ではなく、ビジネスモデルの変革や事業転換など抜本的な経営改革に取り組んでいかなければなりません。羅針盤一つで大海原に乗り出したヴァスコ・ダ・ガマのように、手探りでまだ見ぬ新天地を目指していかなければなりません。

　このように、事業継続力強化の取組みは、長期の時間と多額の投資を要し、必ずしも効果が顕著に現れるわけではなく、とりわけ中小企業にとっては非常にリスクが高い取組みといわざるを得ません。

　しかし、わが国の雇用の約7割、付加価値額の約5割（製造業）を創出する中小企業が将来にわたって持続的発展を遂げていくことは、わが国経済にとって最重要課題であり、そうした中小企業を下支えする役割を担っているわれわれ金融機関は積極的に金融支援・経営改善支援に取り組み、しっかりリスクテイクしていかなければなりません。

　図表4−10に示すように、多くの中小企業経営者が「経営に必要な情報の収集先」「経営の相談相手」として金融機関に大きな期待を寄せています。

　ただ、課題が山積する中小企業の事業継続力強化を実現させることは容易ではありません。相談相手が乏しい企業経営者にあっては、経営環境の変化に戸惑い、経営判断に迷い、事業継続力強化の取組みに逡巡して、脅威にさらされてしまうといった方が少なくないと考えられます。

　それゆえ、金融機関側から積極的に働き掛け、企業経営者との対話を重ねて、事業継続力強化に向けた課題とそれを実現するための具体策を共有し、ソリュー

図表 4 −10　中小企業経営者における「経営情報の収集先」「経営の相談相手」

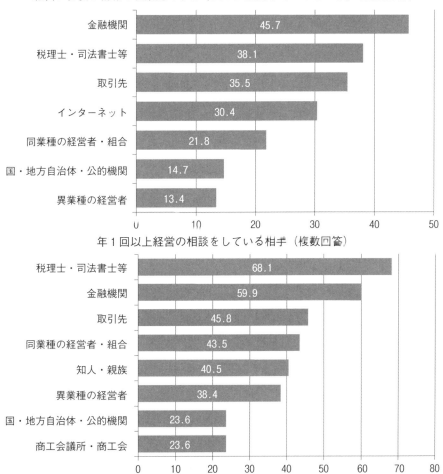

経営に必要な情報の収集先のうち「大いに活用しているところ」（複数回答）

金融機関	45.7
税理士・司法書士等	38.1
取引先	35.5
インターネット	30.4
同業種の経営者・組合	21.8
国・地方自治体・公的機関	14.7
異業種の経営者	13.4

年1回以上経営の相談をしている相手（複数回答）

税理士・司法書士等	68.1
金融機関	59.9
取引先	45.8
同業種の経営者・組合	43.5
知人・親族	40.5
異業種の経営者	38.4
国・地方自治体・公的機関	23.6
商工会議所・商工会	23.6

（出典）　当公庫総合研究所「経営者の事業方針に関するアンケート調査」（2014. 7 ）に基づき
　　　　　筆者が作成

ション提案を行って、企業経営者の背中を押していくことが望まれます。

　しかしながら、「業務の効率化を進める中、経営改善支援の取組みになかなか時間を割けない」「若手を中心にスキルや経験が不足し、経営改善支援に取り組むことが難しい」といった関係者の声を聞くことが少なくありません。

　また、取引金融機関が多くメインが不明確な場合、「どの金融機関がイニシアチブをとるべきなのか」があやふやになり、支援が十分に行き届かなくなるおそれもあります。

　このように、個々の金融機関が個別に取り組むと、様々な制約や限界があり、効率的・効果的な金融支援・経営改善支援にならないこともあると思います。金融機関ごとに個別事情があると承知していますが、「顧客企業の事業継続力強化を実現する」という共通目標のもと取引金融機関が協調・連携を一層強化し、以下の取組みを一体的・整合的に進めていくことが非常に有効であると考えます。

・事業継続力強化計画の策定に関与し、具体的な取組みや資金調達計画に関して
　合意形成する。
・事業継続力強化計画に基づき、金融支援・経営改善支援を着実に実施する。

　図表4−11に当公庫中小企業事業の特別貸付を紹介していますが、例えばこうしたスキームや図表2−25に示す資本性ローンを活用することにより、円滑な計画策定・遂行、取引金融機関による効果的な支援が実現されると考えます。

　いずれにしても、わが国全体として未曽有の取組みを推進し、「新常態」下の新たな企業活動を具現化して、すべての企業の持続的発展を図ることが、われわれ金融機関に課されたミッションであると筆者は考えています。金融機関各位には、ご理解・ご協力を賜りたいと存じます。

　以上で、「いかなる環境下でも持続的発展を遂げるために、事業継続力の強化を進めよう」というお話は終了です。なんだか、下げのない落語みたいになってしまいましたね。

図表 4 −11　日本公庫（中小企業事業）における事業継続力強化関連貸付の概要

	新事業活動促進資金 （経営強化関連）	社会環境対応施設整備資金 （事業継続力強化計画等関連）
ご利用いただ ける方	中小企業等経営強化法に基づき、経営力向上計画の認定（変更認定を含む）を受けた方	中小企業等経営強化法に規定する事業継続力強化計画または連携事業継続力強化計画のうち認定（変更認定を含む）を受けた計画に基づき、防災に資する施設等の整備を行う方
資金のお使い みち	経営力向上計画に基づく事業を行うために必要とする設備資金および長期運転資金	事業継続力強化計画に基づき、防災に資する施設などの整備（改善および改修を含む）を行うために必要な設備資金および長期運転資金（耐震診断費用を含む）
融資限度額 （直接貸付）	7億2千万円 （うち、運転資金2億5十万円）	7億2千万円 （うち、運転資金2億5千万円）
利率（年）	設備資金： 基準金利。ただし、2億7千万円まで特別利率③（土地及び建物に係る資金を除く） 運転資金：基準利率	設備資金： 2億7千万円まで　特別利率③ 2億7千万円超　基準利率 運転資金： 基準利率。ただし耐震診断および複数企業連携に係る運転資金については、特別利率①
ご返済期間	設備資金：20年以内（うち据置期間2年以内） 運転資金：7年以内（同上）	設備資金：20年以内（うち据置期間2年以内） 運転資金：7年以内（同上）

注　令和2年12月現在

（出典）　日本公庫HPに基づき筆者が作成

金融機関が行う
事業継続力強化支援マニュアル

2021年3月16日　第1刷発行

著　者　日本政策金融公庫
　　　　中小企業事業本部企業支援部
発行者　加　藤　一　浩

〒160-8520　東京都新宿区南元町19
発　行　所　一般社団法人 金融財政事情研究会
企画・制作・販売　株式会社きんざい
　　出版部　TEL 03（3355）2251　FAX 03（3357）7416
　　販売受付　TEL 03（3358）2891　FAX 03（3358）0037
　　URL https://www.kinzai.jp/

校正：株式会社友人社／印刷：三松堂株式会社

ISBN978-4-322-13827-6